## 아이가 주인공인 책

아이는 스스로 생각하고 매일 성장합니다.
부모가 아이를 존중하고 그 가능성을 믿을 때
새로운 문제들을 스스로 해결해 나갈 수 있습니다.

<기적의 학습서>는 아이가 주인공인 책입니다.
탄탄한 실력을 만드는 체계적인 학습법으로
아이의 공부 자신감을 높여 줍니다.

아이의 가능성과 꿈을 응원해 주세요.
아이가 주인공인 분위기를 만들어 주고,
작은 노력과 땀방울에 큰 박수를 보내 주세요.
<기적의 학습서>가 자녀 교육에 힘이 되겠습니다.

초등 2학년 **3**권

# 기적의 계산법 응용UP · 3권

**초판 발행** 2021년 1월 15일
**초판 10쇄 발행** 2024년 11월 26일

**지은이** 기적학습연구소
**발행인** 이종원
**발행처** 길벗스쿨
**출판사 등록일** 2006년 7월 1일
**주소** 서울시 마포구 월드컵로 10길 56(서교동)
**대표 전화** 02)332-0931 | **팩스** 02)333-5409
**홈페이지** school.gilbut.co.kr | **이메일** gilbut@gilbut.co.kr

**기획** 김미숙(winnerms@gilbut.co.kr) | **책임편집** 김미숙
**제작** 이준호, 손일순, 이진혁 | **영업마케팅** 문세연, 박선경, 박다슬 | **웹마케팅** 박달님, 이재윤, 이지수, 나혜연
**영업관리** 김명자, 정경화 | **독자지원** 윤정아
**디자인** 정보라 | **표지 일러스트** 김다예 | **본문 일러스트** 류은형
**전산편집** 글사랑 | **CTP 출력·인쇄·제본** 예림인쇄

▶ 본 도서는 '절취선 형성을 위한 제본용 접지 장치(Folding apparatus for bookbinding)' 기술 적용도서입니다.
　특허 제10-2301169호
▶ 잘못 만든 책은 구입한 서점에서 바꿔 드립니다.



ISBN 979-11-6406-297-3 64410
(길벗스쿨 도서번호 10724)

정가 9,000원

．．．．．．．．．．．．．．．．．．．．．．．．．．．．．．．．．．．．．．．．．．．．．．．．．．．．．．．．．．．．．．

독자의 1초를 아껴주는 정성 **길벗출판사**

**길벗스쿨** | 국어학습서, 수학학습서, 유아콘텐츠유닛, 주니어어학, 어린이교양, 교과서, 길벗스쿨콘텐츠유닛
**길벗** | IT실용서, IT/일반 수험서, IT전문서, 경제실용서, 취미실용서, 건강실용서, 자녀교육서
**더퀘스트** | 인문교양서, 비즈니스서

# 기적학습연구소 **수학연구원 엄마**의 **고군분투서!**

저는 게임과 유튜브에 빠져 공부에는 무념무상인 아들을 둔 엄마입니다.

오늘도 아들이 조금 눈치를 보는가 싶더니 '잠깐만, 조금만'을 일삼으며 공부를 내일로 또 미루네요.

'그래, 공부보다는 건강이지.' 스스로 마음을 다잡다가도 고학년인데 여전히 공부에

관심이 없는 녀석의 모습을 보고 있자니 저도 모르게 한숨이…… .

5학년이 된 아들이 일주일에 한두 번씩 하교 시간이 많이 늦어져서 하루는 앉혀 놓고 물어봤습니다.

수업이 끝나고 몇몇 아이들은 남아서 틀린 수학 문제를 다 풀어야만 집에 갈 수 있다고 하더군요.

맙소사, 엄마가 회사에서 수학 교재를 십수 년째 만들고 있는데, 아들이 수학 나머지 공부라뇨? 정신이 번쩍 들었습니다.

저학년 때는 어쩌다 반타작하는 날이 있긴 했지만 곧잘 100점도 맞아 오고 해서 '그래, 머리가 나쁜 건 아니야.' 하고 위안을 삼으며

'아직 저학년이잖아. 차차 나아지겠지.'라는 생각에 공부를 강요하지 않았습니다.

그런데 아이는 어느새 훌쩍 자라 여느 아이들처럼 수학 좌절감을 맛보기 시작하는 5학년이 되어 있었습니다.

학원에 보낼까 고민도 했지만, 그래도 엄마가 수학 전문가인데… 영어면 모를까 내 아이 수학 공부는 엄마표로 책임져 보기로 했습니다.

아이도 나머지 공부가 은근 자존심 상했는지 엄마의 제안을 순순히 받아들이더군요. 매일 계산법 1장, 문장제 1장, 초등수학 1장씩 수

학 공부를 시작했습니다. 하지만 기초도 부실하고 학습 습관도 안 잡힌 녀석이 갑자기 하루 3장씩이나 풀다보니 힘에 부쳤겠지요.

호기롭게 시작한 수학 홈스터디는 공부량을 줄이려는 아들과의 전쟁으로 변질되어 갔습니다. 어떤 날은 애교와 엄살로 3장이 2장이 되고,

어떤 날은 울음과 샤우팅으로 3장이 아예 없던 일이 되어버리는 등 괴로움의 연속이었죠. 문제지 한 장과 게임 한 판의 딜이 오가는 일

도 비일비재했습니다. 곧 중학생이 될 텐데… 엄마만 조급하고 녀석은 점점 잔꾀만 늘어가더라고요. 안 하느니만 못한 수학 공부 시간

을 보내며 더이상 이대로는 안 되겠다 싶은 생각이 들었습니다. 이 전쟁을 끝낼 묘안이 절실했습니다.

우선 아이의 공부력에 비해 너무 과한 욕심을 부리지 않기로 했습니다. 매일 퇴근길에 계산법 한쪽과 문장제 한쪽으로 구성된 아이만의

맞춤형 수학 문제지를 한 장씩 만들어 갔지요. 그리고 아이와 함께 풀기 시작했습니다. 앞장에서 꼭 필요한 연산을 익히고, 뒷장에서

연산을 적용한 문장제나 응용문제를 풀게 했더니 응용문제도 연산의 연장으로 받아들이면서 어렵지 않게 접근했습니다. 아이 또한 확

줄어든 학습량에 아주 만족해하더군요. 물론 평화가 바로 찾아온 것은 아니었지만, 결과는 성공적이었다고 자부합니다.

이 경험은 <기적의 계산법 응용UP>을 기획하고 구현하게 된 시발점이 되었답니다.

**1. 학습 부담을 줄일 것! 딱 한 장에 앞 연산, 뒤 응용으로 수학 핵심만 공부하게 하자.**

**2. 문장제와 응용은 꼭 알아야 하는 학교 수학 난이도만큼만! 성취감, 수학자신감을 느끼게 하자.**

**3. 욕심을 버리고, 매일 딱 한 장만! 짧고 굵게 공부하는 습관을 만들어 주자.**

이 책은 위 세 가지 덕목을 갖추기 위해 무던히 애쓴 교재입니다.

<기적의 계산법 응용UP>이 저와 같은 고민으로 괴로워하는 엄마들과 언젠가는 공부하는 재미에

푹 빠지게 될 아이들에게 울트라 종합비타민 같은 선물이 되길 진심으로 바랍니다.

길벗스쿨 기적학습연구소에서

# 매일 한 장으로 완성하는 **응용UP 학습설계**

## Step 1
### 핵심개념 이해

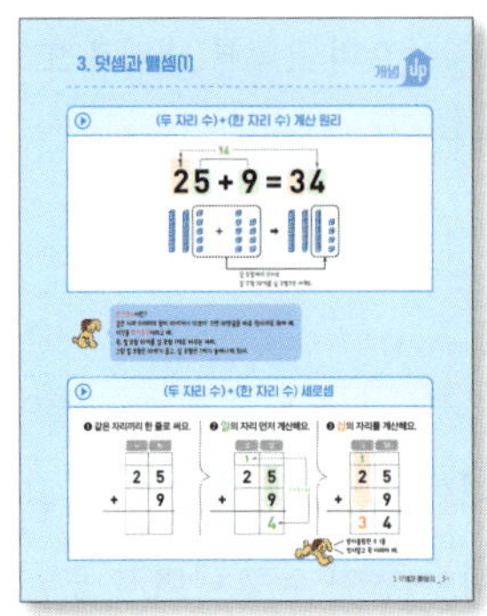

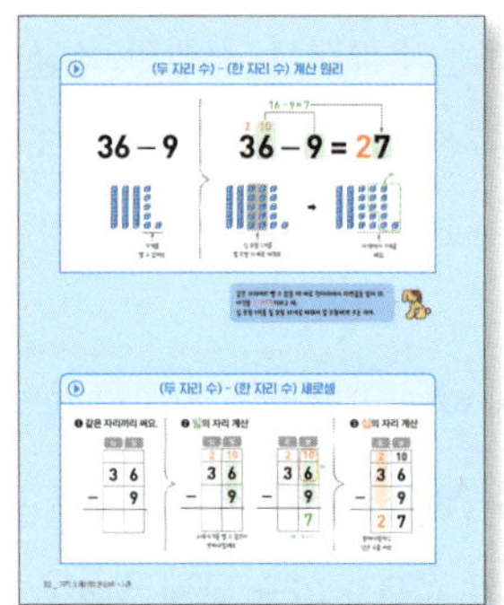

▶ 단원별 핵심 내용을 시각화하여 정리하였습니다. 연산방법, 개념 등을 정확하게 이해한 다음,
사진을 찍듯 머릿속에 담아 두세요. 개념정리만 묶어 나만의 수학개념모음집을 만들어도 좋습니다.

## Step 2
### 연산 + 응용 균형학습

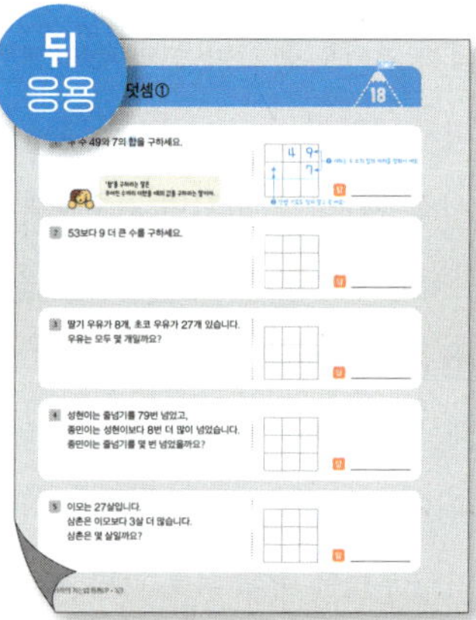

뒤집으면

▶ 앞 연산, 뒤 응용으로 구성되어 있어 매일 한 장 학습으로 연산훈련 뿐만 아니라 연산적용 응용문제
까지 한번에 학습할 수 있습니다. 매일 한 장씩 뜯어서 균형잡힌 연산 훈련을 해 보세요.

## Step 3
### 평가로 실력점검

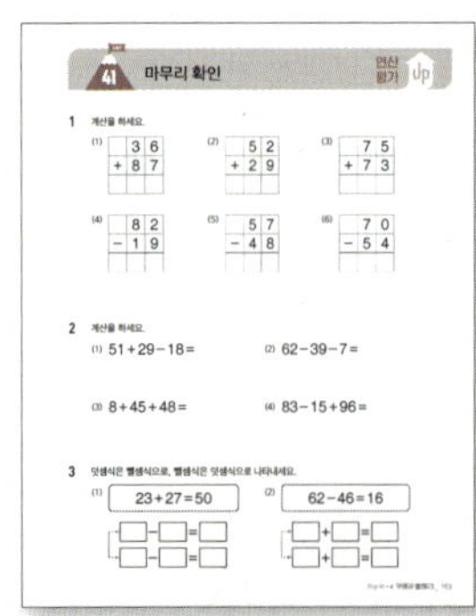

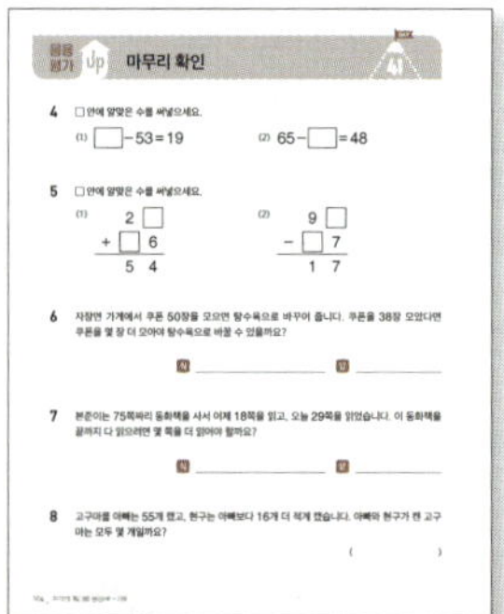

▶ 점수도 중요하지만, 얼마나 이해하고 있는지를 아는 것이 더 중요합니다.
배운 내용을 꼼꼼하게 확인하고, 틀린 문제는 앞으로 돌아가 한번 더 연습하세요

## ▶ 매일 연산+응용으로 균형 있게 훈련합니다.

매일 하는 수학 공부, 연산만 편식하고 있지 않나요?
수학에서 연산은 에너지를 내는 탄수화물과 같지만,
그렇다고 밥만 먹으면 영양 불균형을 초래합니다.
튼튼한 근육을 만드는 단백질도 꼭꼭 챙겨 먹어야지요.
기적의 계산법 응용UP은 매일 한 장 학습으로
계산력과 응용력을 동시에 훈련할 수 있도록 만들었습니다.
앞에서 연산 반복훈련으로 속도와 정확성을 높이고,
뒤에서 바로 연산을 활용한 응용 문제를 해결하면서
문제이해력과 연산적용력을 키울 수 있습니다.
균형잡힌 연산 + 응용으로 수학기본기를 빈틈없이 쌓아 나갑니다.

## ▶ 다양한 응용 유형으로 폭넓게 학습합니다.

반복연습이 중요한 연산, 유형연습이 중요한 응용!
문장제형, 응용계산형, 빈칸추론형, 논리사고형 등 다양한 유형의 응용 문제에 연산을 적용해 보면서
연산에 대한 수학적 시야를 넓히고, 튼튼한 수학기초를 다질 수 있습니다.

| 문장제형 |

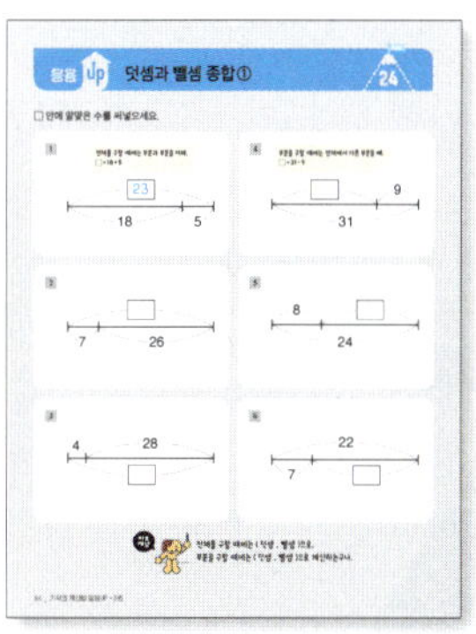
| 응용계산형 |

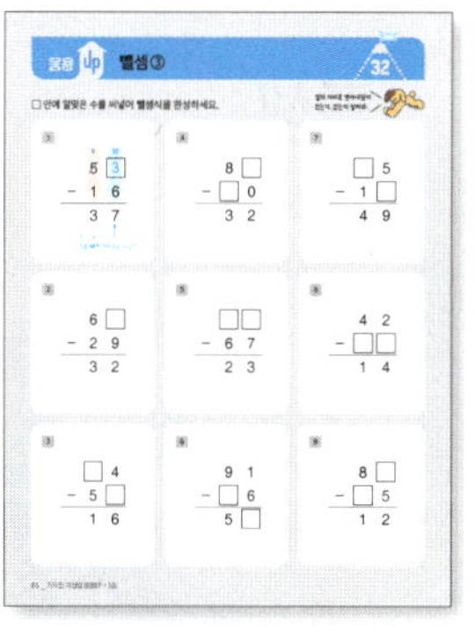
| 빈칸추론형 |

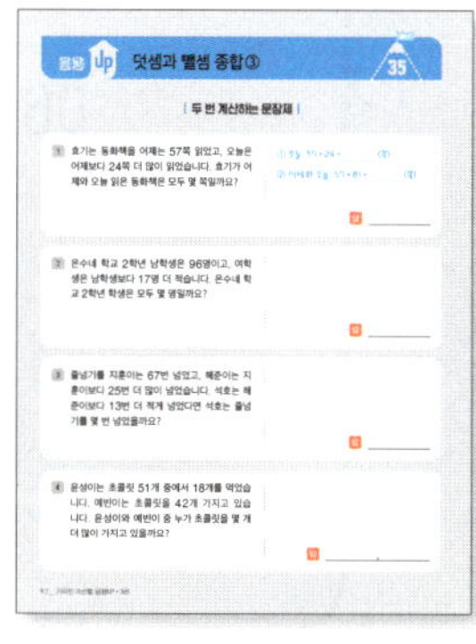
| 논리사고형 |

## ▶ 뜯기 한 장으로 언제, 어디서든 공부할 수 있습니다.

한 장씩 뜯어서 사용할 수 있도록 칼선 처리가 되어 있어
언제 어디서든 필요한 만큼 쉽게 공부할 수 있습니다.
매일 한 장씩 꾸준히 풀면서 공부 습관을 길러 봅니다.

# 차 례

# 01 세 자리 수



**이전에 배운 내용**

**1-2 100까지의 수**

• 몇십, 몇십몇
• 수 세기, 읽기, 쓰기

**지금 배울 내용**

**2-1 세 자리 수**

• 세 자리 수 읽기, 쓰기
• 세 자리 수의 자릿값, 크기 비교

**앞으로 배울 내용**

**2-2 네 자리 수**
• 네 자리 수 읽기, 쓰기
• 네 자리 수의 자릿값, 크기 비교

**4-1 큰 수**
• 다섯 자리 수
• 만, 억, 조
• 자연수 체계, 자릿값

# · 학습기록표 ·

| 학습 일차 | 학습 내용 | 날짜 | 맞은 개수 | |
|---|---|---|---|---|
| | | | 연산 | 응용 |
| DAY 1 | 세 자리 수 ①<br>백, 몇백 | / | /6 | /6 |
| DAY 2 | 세 자리 수 ②<br>세 자리 수 읽기, 쓰기 | / | /16 | /6 |
| DAY 3 | 세 자리 수 ③<br>세 자리 수의 구성 | / | /6 | /4 |
| DAY 4 | 세 자리 수 ④<br>세 자리 수의 구성 | / | /10 | /5 |
| DAY 5 | 자릿값 ①<br>세 자리 수의 분해: 덧셈식으로 나타내기 | / | /6 | /6 |
| DAY 6 | 자릿값 ②<br>각 자리 숫자와 나타내는 값 | / | /8 | /4 |
| DAY 7 | 자릿값 ③<br>각 자리 숫자와 나타내는 값 | / | /16 | /5 |
| DAY 8 | 뛰어서 세기 | / | /7 | /5 |
| DAY 9 | 크기 비교 ①<br>두 수의 크기 비교 | / | /16 | /5 |
| DAY 10 | 크기 비교 ②<br>세 수 이상의 크기 비교 | / | /12 | /2 |
| DAY 11 | 세 자리 수 활용 ①<br>□가 있는 수의 크기 비교 | / | /8 | /8 |
| DAY 12 | 세 자리 수 활용 ②<br>수 카드로 세 자리 수 만들기 | / | /8 | /4 |
| DAY 13 | 마무리 확인 | / | | /13 |

# 1. 세 자리 수

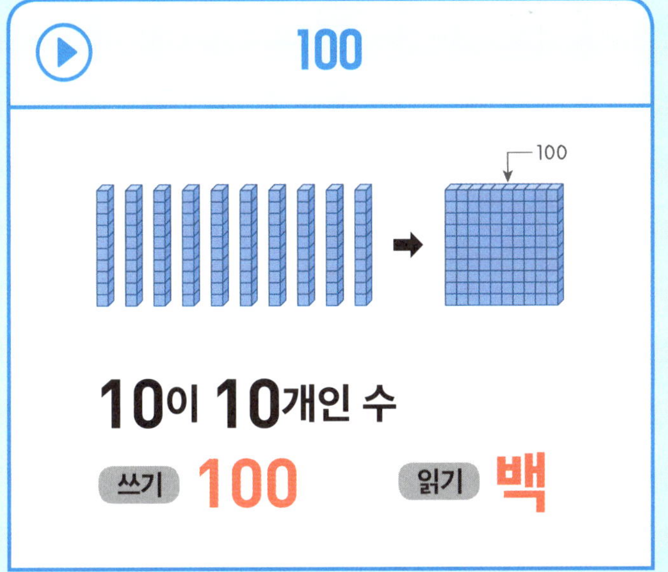



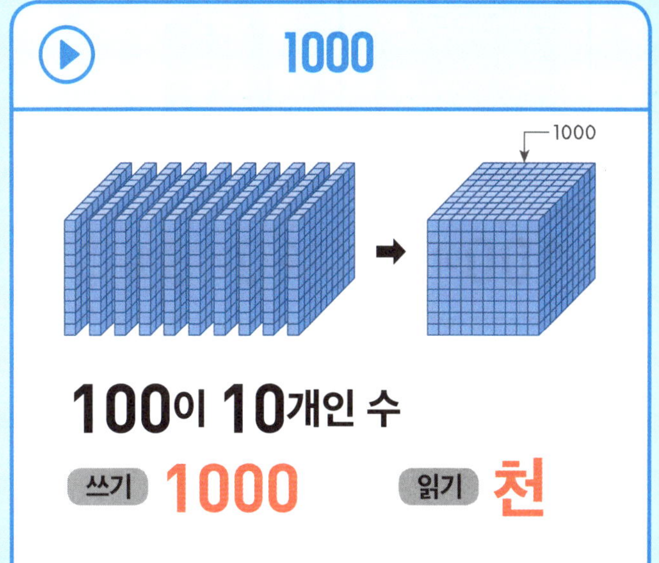

## 몇백

## 세 자리 수

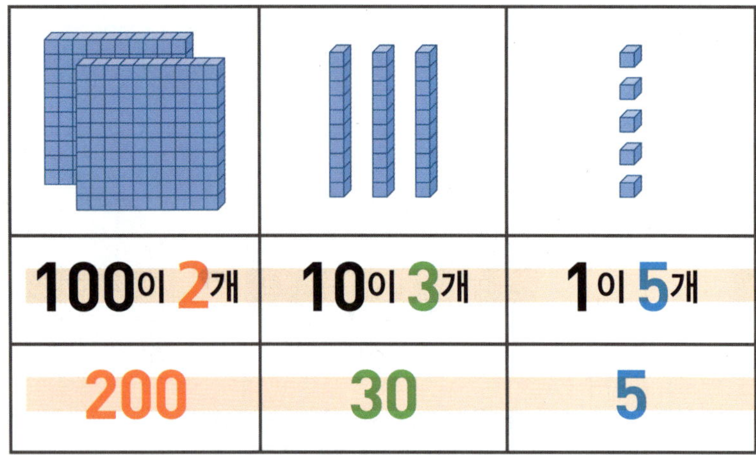

| | | | | |
|---|---|---|---|---|
| **100**이 **2**개 | **10**이 **3**개 | **1**이 **5**개 | 쓰기 | 235 |
| 200 | 30 | 5 | 읽기 | 이백삼십오 |

## 세 자리 수의 자릿값

**2 3 5** 에서

- **백**의 자리 숫자: **2**, **2**가 나타내는 값: **200**
- **십**의 자리 숫자: **3**, **3**이 나타내는 값: **30**
- **일**의 자리 숫자: **5**, **5**가 나타내는 값: **5**

## 세 자리 수의 크기 비교

❶ 백의 자리 숫자 비교 → 같으면 → ❷ 십의 자리 숫자 비교 → 같으면 → ❸ 일의 자리 숫자 비교

469 < 537    264 > 218    172 < 178

# 세 자리 수 ① 백, 몇백



모두 얼마인지 수를 쓰세요.

**1**

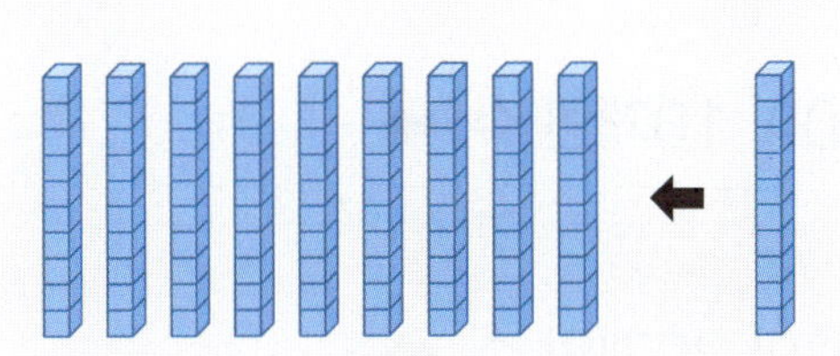

**90**보다 **10**만큼 더 큰 수

➡ | 1 | 0 | 0 |

**4**

**100**이 **7**개인 수

➡ | | | |

**2**

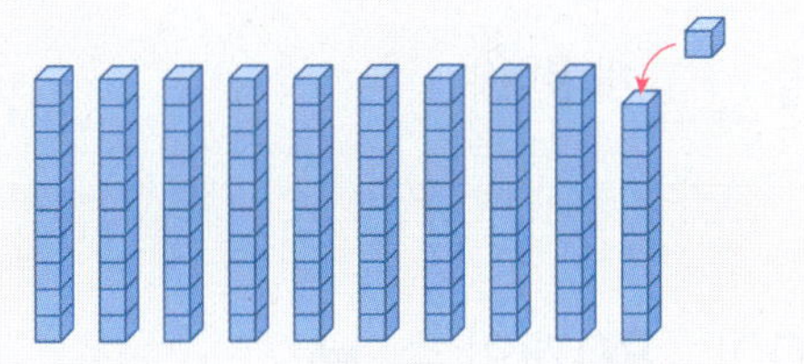

**99**보다 **1**만큼 더 큰 수

➡ | | | |

**5**

**100**이 **5**개인 수

➡ | | | |

**3**

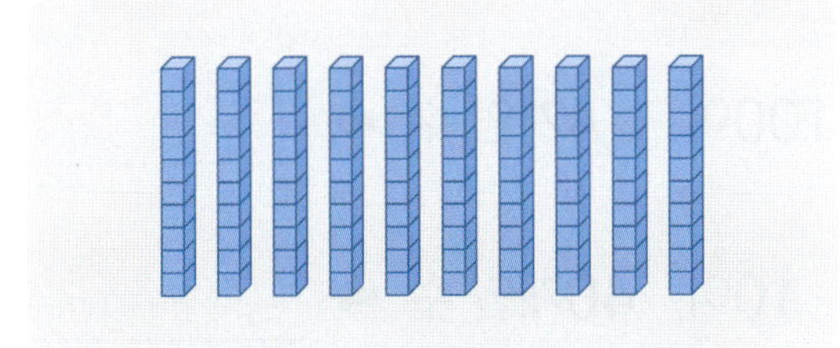

**10**이 **10**개인 수

➡ | | | |

**6**

**100**이 **10**개인 수

➡ | | | | |

빈 곳에 알맞은 수를 쓰세요.

**1**  1이 3개인 수 ➡ 3

10이 3개인 수 ➡ 3 0
└─ 0이 1개 ─┘

100이 3개인 수 ➡ ☐☐☐
└─ 0이 2개 ─┘

**4**  10이 10개인 수 ➡ ☐☐☐
└─ 0이 2개 ─┘

10이 20개인 수 ➡ ☐☐☐

10이 30개인 수 ➡ ☐☐☐

**2**  100이  8개인 수 ➡ __________

100이  6개인 수 ➡ __________

100이 10개인 수 ➡ __________

**5**  10이  80개인 수 ➡ __________

10이  90개인 수 ➡ __________

10이 100개인 수 ➡ __________

**3**  10이 19개인 수 ➡ __________

10이 42개인 수 ➡ __________

10이 83개인 수 ➡ __________

10이 99개인 수 ➡ __________

**6**  100이  4개인 수 ➡ __________

10이  40개인 수 ➡ __________

1이  40개인 수 ➡ __________

1이 400개인 수 ➡ __________

## DAY 2 — 세 자리 수 ② 세 자리 수 읽기, 쓰기

연산 up

수를 읽거나 숫자로 나타내세요.

1. 395  읽기 ➡ 삼백구십오
   백 십 일

9. 오백칠십일 쓰기 ➡ 571
   5 7 1

2. 872 읽기 ➡ ___________

10. 백이십사 쓰기 ➡ ___________

3. 109 읽기 ➡ ___________

11. 구백십 쓰기 ➡ ___________

4. 681 읽기 ➡ ___________

12. 육백십이 쓰기 ➡ ___________

5. 513 읽기 ➡ ___________

13. 칠백오 쓰기 ➡ ___________

6. 904 읽기 ➡ ___________

14. 사백삼십구 쓰기 ➡ ___________

7. 240 읽기 ➡ ___________

15. 삼백육십팔 쓰기 ➡ ___________

8. 738 읽기 ➡ ___________

16. 팔백오십삼 쓰기 ➡ ___________

# 응용 UP  세 자리 수 ②

사람들의 말을 듣고, 빈칸에 알맞은 수를 써넣으세요.

모두 얼마인지 수를 쓰세요.

**1**

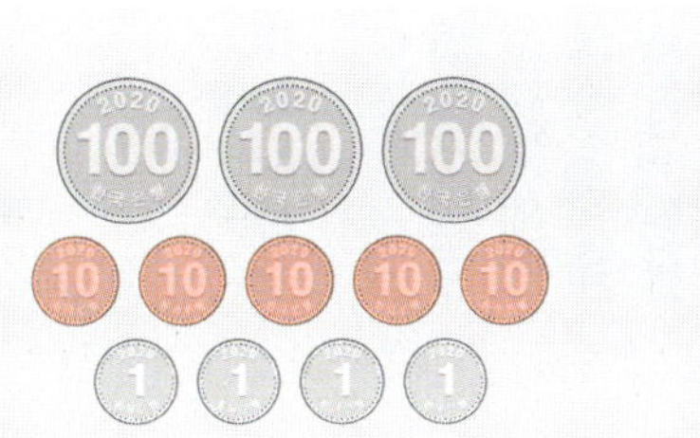

100이 **3**개, 10이 **5**개, 1이 **4**개인 수

➡ | 3 | 5 | 4 |

**4**

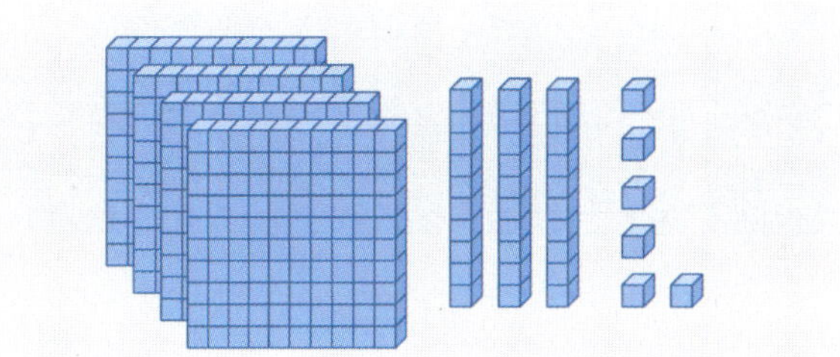

100이 **4**개, 10이 **3**개, 1이 **6**개인 수

➡ | | | |

**2**

100이 **5**개, 1이 **7**개인 수

➡ | | | |

**5**

100이 **2**개, 10이 **9**개인 수

➡ | | | |

**3**

100이 **2**개, 10이 **12**개, 1이 **3**개인 수

➡ | | | |

**6**

100이 **1**개, 10이 **4**개, 1이 **18**개인 수

➡ | | | |

# 응용 UP 세 자리 수③

지수처럼 수 모형 5개를 사용하여 세 자리 수를 만들어 보세요.

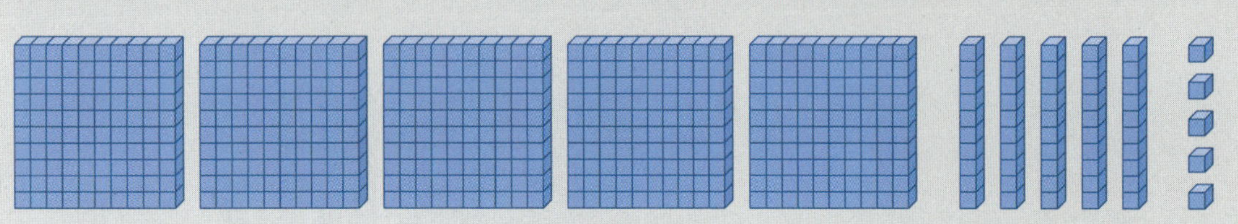

1

➡ 140

2
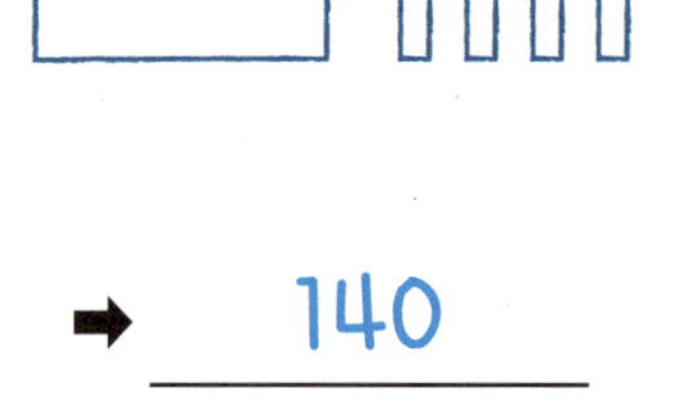

➡ __________

3

➡ __________

4
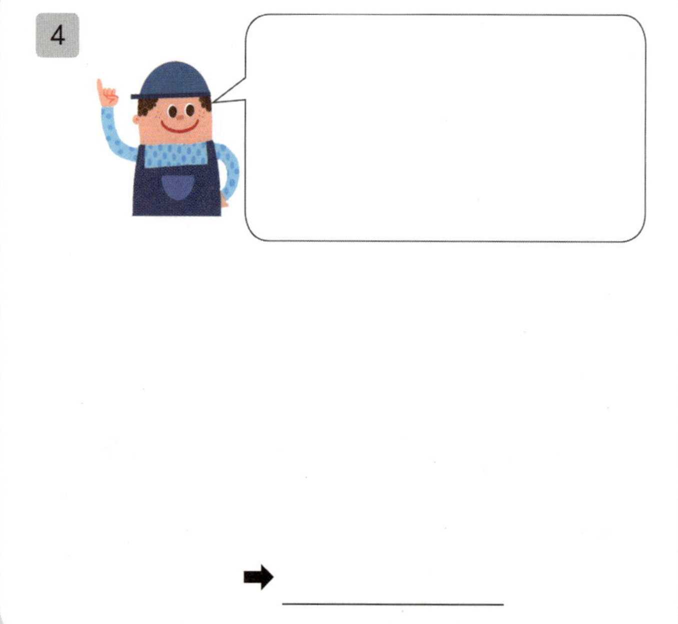

➡ __________

빈칸에 알맞은 수를 써넣으세요.

**1**
100이 **4**개
10이 **5**개 ┐이면
1이 **7**개

| 백 | 십 | 일 |
|---|---|---|
| 4 | 5 | 7 |

100이 4개 → 4 0 0
10이 5개 → 5 0
1이 7개 → 7
4 5 7

**2**
100이 **1**개
10이 **8**개 ┐이면
1이 **6**개

**3**
100이 **7**개
10이 **9**개 ┐이면
1이 **3**개

**4**
100이 **4**개
10이 **0**개 ┐이면
1이 **8**개

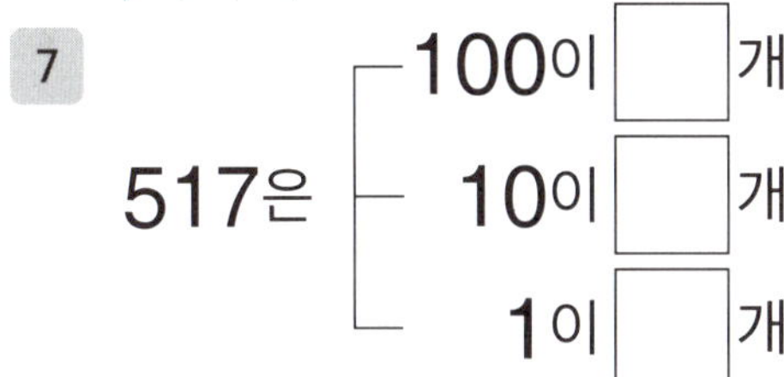


**5**
100이 **5**개
10이 **11**개 ┐이면
1이 **9**개

**6**
836은
100이 **8**개
10이 **3**개
1이 **6**개

| 백 | 십 | 일 |
|---|---|---|
| 8 | 3 | 6 |

↓

8 0 0 → 100이 8개
3 0 → 10이 3개
6 → 1이 6개

**7**
517은
100이 ☐개
10이 ☐개
1이 ☐개

**8**
789는
100이 ☐개
10이 ☐개
1이 ☐개

**9**
124는
100이 ☐개
10이 ☐개
1이 ☐개

**10**
310은
100이 ☐개
10이 ☐개
1이 ☐개

**1**  사탕이 **100개씩 5상자**, **10개씩 7봉지**, 낱개로 **1개** 있습니다. 사탕은 모두 몇 개일까요?

500개　70개　1개

| | | |
|---|---|---|
| 100개씩 5상자 ➡ | 500개 |
| 10개씩 7봉지 ➡ | 70개 |
| 낱개 1개 ➡ | 1개 |
| 전체 사탕 ➡ | 571개 |

답 ____________

**2**  공책이 100권씩 2상자, 10권씩 6묶음, 낱개로 9권 있습니다. 공책은 모두 몇 권일까요?

답 ____________

**3**  색종이가 100장씩 7상자, 10장씩 8봉지 있습니다. 색종이는 모두 몇 장일까요?

답 ____________

**4**  과수원에서 딴 귤을 100개씩 6상자에 담았더니 8개가 남았습니다. 과수원에서 딴 귤은 모두 몇 개일까요?

답 ____________

**5**  100원짜리 동전이 7개, 10원짜리 동전이 15개 있습니다. 동전은 모두 얼마일까요?

답 ____________

수를 보고 자릿값을 생각하며 빈 곳에 알맞은 수를 써넣으세요.

**1**

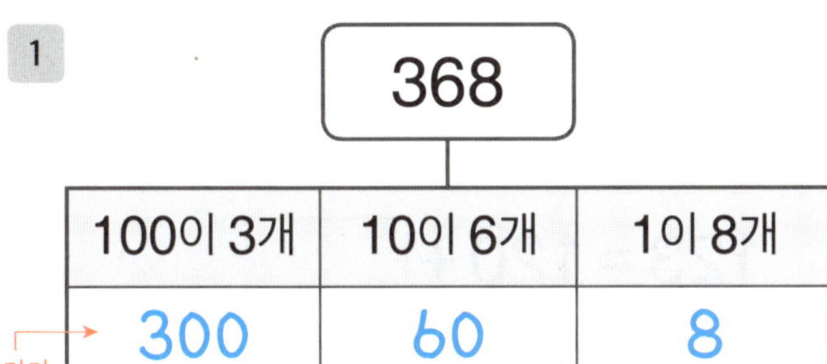

| 368 | | |
|---|---|---|
| 100이 3개 | 10이 6개 | 1이 8개 |
| 300 | 60 | 8 |

숫자가 나타내는 값

$368 = \boxed{300} + \boxed{60} + \boxed{8}$



**2**

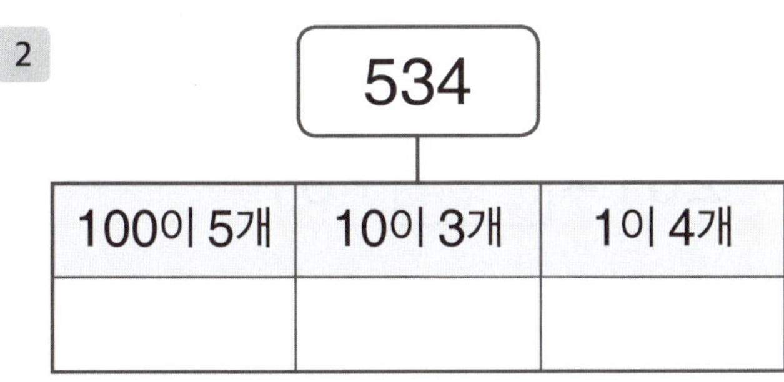

| 534 | | |
|---|---|---|
| 100이 5개 | 10이 3개 | 1이 4개 |
|  |  |  |

$534 = \boxed{\phantom{000}} + \boxed{\phantom{00}} + \boxed{\phantom{0}}$

**3**

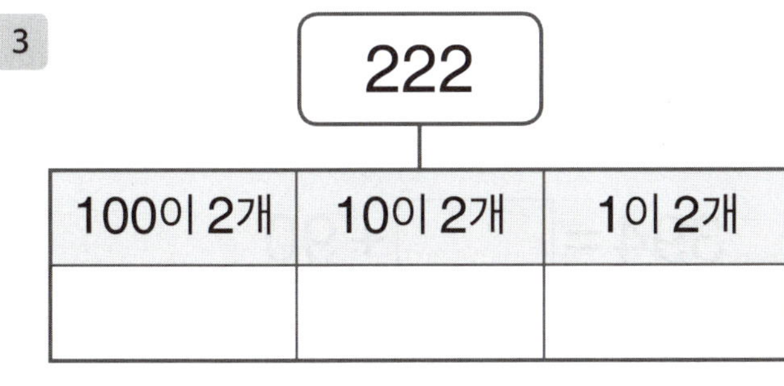

| 222 | | |
|---|---|---|
| 100이 2개 | 10이 2개 | 1이 2개 |
|  |  |  |

$222 = \boxed{\phantom{000}} + \boxed{\phantom{00}} + \boxed{\phantom{0}}$

**4**

| 197 | | |
|---|---|---|
| 100이 1개 | 10이 9개 | 1이 7개 |
|  |  |  |

$197 = \boxed{\phantom{000}} + \boxed{\phantom{00}} + \boxed{\phantom{0}}$

**5**

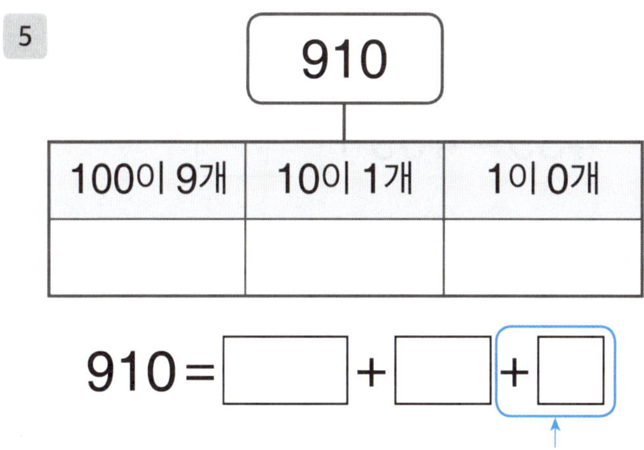

| 910 | | |
|---|---|---|
| 100이 9개 | 10이 1개 | 1이 0개 |
|  |  |  |

$910 = \boxed{\phantom{000}} + \boxed{\phantom{00}} + \boxed{\phantom{0}}$



**6**

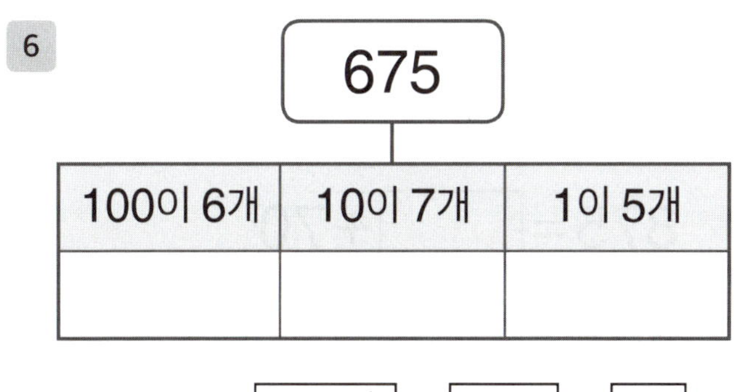

| 675 | | |
|---|---|---|
| 100이 6개 | 10이 7개 | 1이 5개 |
|  |  |  |

$675 = \boxed{\phantom{000}} + \boxed{\phantom{00}} + \boxed{\phantom{0}}$

수를 다양한 덧셈식으로 나타내세요.

'='의 왼쪽 수에는 있고,
오른쪽 덧셈식에는 없는 숫자를 찾아봐.

**1**
$555 = 500 + 50 + \boxed{5}$
$555 = 550 + \boxed{5}$
$555 = 505 + \boxed{50}$
$555 = \boxed{500} + 55$

**4**
$123 = 100 + \boxed{\phantom{00}} + 3$
$123 = 120 + \boxed{\phantom{00}}$
$123 = 103 + \boxed{\phantom{00}}$
$123 = \boxed{\phantom{00}} + 23$

**2**
$439 = 400 + 30 + \boxed{\phantom{00}}$
$439 = 409 + \boxed{\phantom{00}}$
$439 = \boxed{\phantom{00}} + 39$
$439 = 430 + \boxed{\phantom{00}}$

**5**
$261 = \boxed{\phantom{00}} + 60 + 1$
$261 = \boxed{\phantom{00}} + 61$
$261 = 260 + \boxed{\phantom{00}}$
$261 = 201 + \boxed{\phantom{00}}$

**3**
$875 = 800 + \boxed{\phantom{00}} + 5$
$875 = 800 + \boxed{\phantom{00}}$
$875 = \boxed{\phantom{00}} + 70$
$875 = \boxed{\phantom{00}} + 5$

**6**
$\boxed{\phantom{00}} = 300 + 90 + 4$
$394 = 300 + \boxed{\phantom{00}}$
$394 = \boxed{\phantom{00}} + 90$
$394 = \boxed{\phantom{00}} + 4$

수를 보고 □ 안에 알맞은 수를 써넣으세요.

**1** 736에서
- 백의 자리 숫자는 **7**
- 십의 자리 숫자는
- 일의 자리 숫자는

**5** 736에서
- 7이 나타내는 값은 **700**
- 3이 나타내는 값은
- 6이 나타내는 값은

**2** 104에서
- 백의 자리 숫자는
- 십의 자리 숫자는
- 일의 자리 숫자는

**6** 485에서
- 4가 나타내는 값은
- 8이 나타내는 값은
- 5가 나타내는 값은

**3** 378에서
- 일의 자리 숫자는
- 십의 자리 숫자는
- 백의 자리 숫자는

**7** 517에서
- 7이 나타내는 값은
- 1이 나타내는 값은
- 5가 나타내는 값은

**4** 962에서
- 일의 자리 숫자는
- 십의 자리 숫자는
- 백의 자리 숫자는

**8** 693에서
- 3이 나타내는 값은
- 9가 나타내는 값은
- 6이 나타내는 값은

# 응용 UP 자릿값②

조건을 만족하는 수가 적힌 공만 나오는 기계입니다. 나온 공에 알맞은 수를 쓰세요.

**1**

**2**

**3**

**4**

# 자릿값 ③ 각 자리 숫자와 나타내는 값

밑줄 친 숫자는 어느 자리 숫자이고, 얼마를 나타내는지 쓰세요.

1  9**5**2 ➡ 십 의 자리 숫자, 50

2  1**8**3 ➡ ⬚ 의 자리 숫자, ⬚

3  50**3** ➡ ⬚ 의 자리 숫자, ⬚

4  **2**34 ➡ ⬚ 의 자리 숫자, ⬚

5  81**6** ➡ ⬚ 의 자리 숫자, ⬚

6  39**8** ➡ ⬚ 의 자리 숫자, ⬚

7  **7**69 ➡ ⬚ 의 자리 숫자, ⬚

8  6**2**1 ➡ ⬚ 의 자리 숫자, ⬚

9  **4**15 ➡ ⬚ 의 자리 숫자, ⬚

10  82**7** ➡ ⬚ 의 자리 숫자, ⬚

11  3**6**2 ➡ ⬚ 의 자리 숫자, ⬚

12  7**4**5 ➡ ⬚ 의 자리 숫자, ⬚

13  **5**70 ➡ ⬚ 의 자리 숫자, ⬚

14  2**1**7 ➡ ⬚ 의 자리 숫자, ⬚

15  6**4**8 ➡ ⬚ 의 자리 숫자, ⬚

16  9**0**3 ➡ ⬚ 의 자리 숫자, ⬚

# 응용 UP  자릿값 ③

**1** 백의 자리 숫자가 4, 십의 자리 숫자가 5, 일의 자리 숫자가 2인 세 자리 수를 쓰세요.

답 

**2** 백의 자리 숫자가 6, 십의 자리 숫자가 0, 일의 자리 숫자가 7인 세 자리 수를 쓰세요.

답 

**3** 일의 자리 숫자가 9, 십의 자리 숫자가 2, 백의 자리 숫자가 1인 세 자리 수를 쓰세요.

답 

**4** 백의 자리 숫자가 8인 세 자리 수 중에서 895보다 큰 수는 모두 몇 개일까요?

답 _______________

**5** 다음 조건을 모두 만족하는 세 자리 수를 구하세요.

> • 백의 자리 숫자는 3입니다.
> • 십의 자리 숫자는 백의 자리 숫자보다 2만큼 더 큽니다.
> • 일의 자리 숫자는 십의 자리 숫자보다 1만큼 더 작습니다.

답 _______________

# 뛰어서 세기

뛰어서 세는 규칙을 찾아 빈칸에 알맞은 수를 써넣으세요.

1 

2 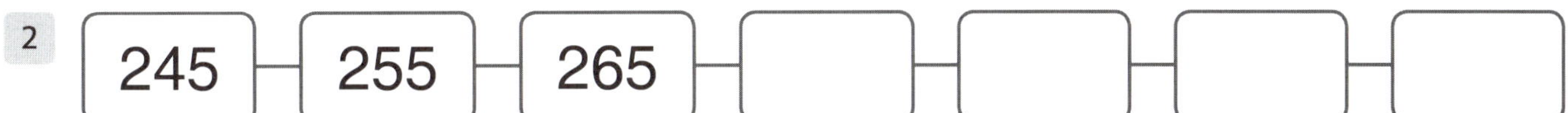


3 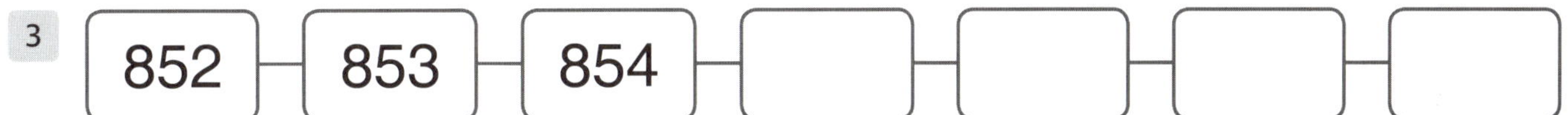


4 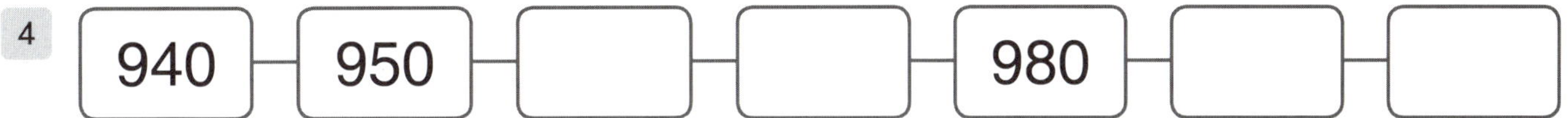


5 

6 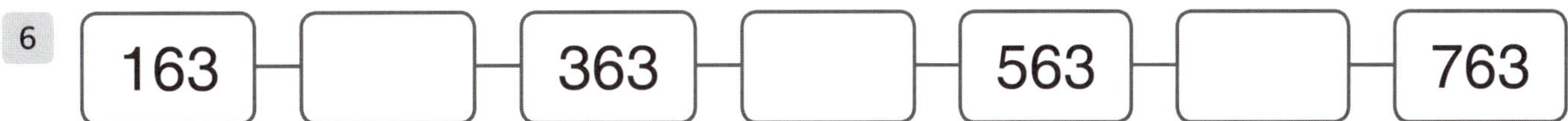


7 

**1** 435에서 출발하여 100씩 3번 뛰어서 센 수를 구하세요.

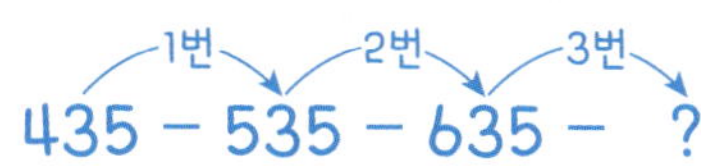


답 ___________

**2** 300에서 출발하여 1씩 5번 뛰어서 센 수를 구하세요.

답 ___________

**3** 700에서 출발하여 10씩 4번 뛰어서 센 수를 구하세요.

답 ___________

**4** 250에서 출발하여 10씩 거꾸로 5번 뛰어서 센 수를 구하세요.

답 ___________

**5** 624에서 출발하여 100씩 거꾸로 4번 뛰어서 센 수를 구하세요.

답 ___________

# DAY 9

## 크기 비교 ① 두 수의 크기 비교

두 수의 크기를 비교하여 ○ 안에 > 또는 < 를 알맞게 써넣으세요.

1. 100 ◯< 400
　　1<4

2. 860 ◯ 829

3. 502 ◯ 394

4. 127 ◯ 129

5. 465 ◯ 456

6. 559 ◯ 554

7. 617 ◯ 618

8. 707 ◯ 782

9. 368 ◯ 360

10. 463 ◯ 615

11. 168 ◯ 148

12. 925 ◯ 952

13. 277 ◯ 279

14. 324 ◯ 424

15. 231 ◯ 206

16. 804 ◯ 806

1 동우는 줄넘기를 **158**번, 현수는 **171**번 넘었습니다.
줄넘기를 더 많이 넘은 사람은 누구일까요?

답 ___________

2 준하는 밤을 **198**개 줍고, 효기는 **203**개 주웠습니다.
밤을 더 적게 주운 사람은 누구일까요?

답 ___________

3 도서관에 동화책이 **515**권, 백과사전이 **510**권 있습니다.
동화책과 백과사전 중 더 많은 것은 무엇일까요?

답 ___________

4 크림빵은 **950**원이고, 단팥빵은 **850**원입니다.
크림빵과 단팥빵 중에서 더 싼 것은 무엇일까요?

답 ___________

'cm'는 길이의 단위로 '센티미터'라고 읽어요.

5 종호의 키는 **131** cm이고, 은재의 키는 **137** cm입니다.
누구의 키가 더 클까요?

답 ___________

 **DAY 10**

# 크기 비교 ② 세 수 이상의 크기 비교

연산 up

수의 크기를 비교하여 가장 큰 수에 ○표, 가장 작은 수에 △표 하세요.

**1**  236  296  183

**7**  809  873  863  870

**2**  657  598  689

**8**  197  173  162  182

**3**  719  818  917

**9**  259  631  472  814

**4**  542  549  540

**10**  815  819  817  812

**5**  435  485  455

**11**  676  767  802  599

**6**  131  112  119

**12**  298  274  315  309

**1** 각 나라를 대표하는 고층 건물이 그려진 엽서가 5장 있습니다.
건물의 높이를 보고, 높은 건물부터 순서대로 ◯ 안에 번호를 쓰세요.

    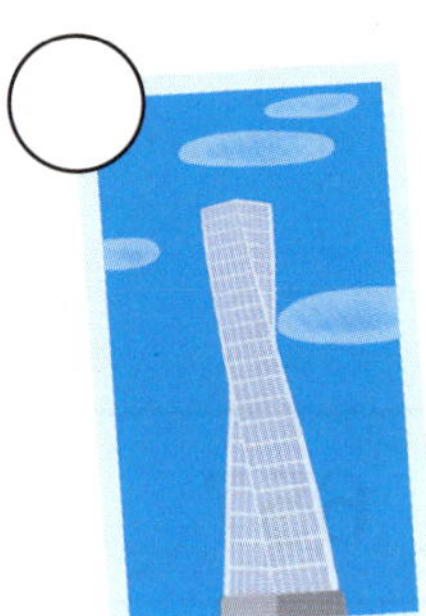



**2** 친구들의 키를 적어 놓은 종이입니다.
친구들이 서 있는 모습을 보고, 친구들의 키를 찾아 연결해 주세요.

# 세 자리 수 활용① □가 있는 수의 크기 비교

응용 up

□ 안에 들어갈 수 있는 수를 모두 찾아 ○표 하세요.



**1**  □39<359

①  ②  ③  4
5  6  7  8  9

**5**  874>87□

0  1  2  3  4
5  6  7  8  9

**2**  9□4>978

0  1  2  3  4
5  6  7  8  9

**6**  652<□73

1  2  3  4
5  6  7  8  9

**3**  2□2<259

0  1  2  3  4
5  6  7  8  9

**7**  143>1□5

0  1  2  3  4
5  6  7  8  9

**4**  31□>318

0  1  2  3  4
5  6  7  8  9

**8**  523<□08

1  2  3  4
5  6  7  8  9

0부터 9까지의 수 중에서 □ 안에 들어갈 수 있는 수를 모두 쓰세요.

**1** 23□ > 237

□ > 7

답 ___8, 9___

**2** 75□ < 754

답 ___________

**3** 4□7 > 448

답 ___________

**4** 3□2 < 329

답 ___________

**5** 517 < □14

답 ___________

**6** 184 < 1□8

답 ___________

**7** 823 > 8□6

답 ___________

**8** 555 > 55□

답 ___________

수 카드 **3**장을 한 번씩 사용하여 가장 큰 세 자리 수와 가장 작은 세 자리 수를 각각 만드세요.

**1**  | 1 | 4 | 6 |

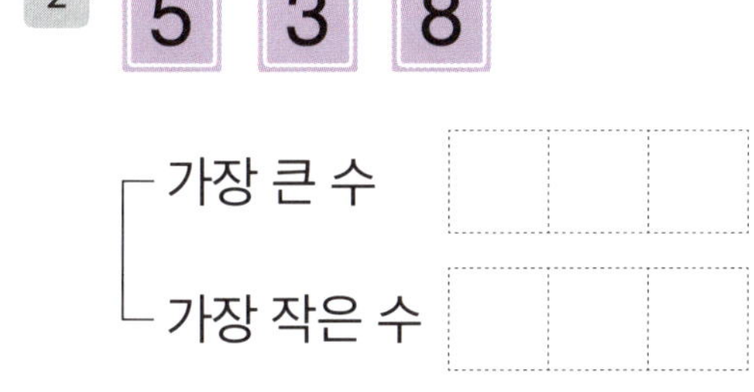

┌ 가장 큰 수  **6 4 1**  큰 숫자부터 차례로
└ 가장 작은 수  [    ][    ][    ]  작은 숫자부터 차례로

**5**  | 8 | 2 | 5 | 9 |

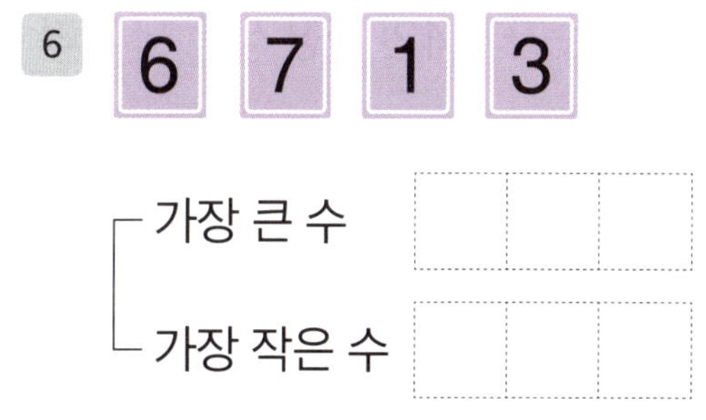



┌ 가장 큰 수  [    ][    ][    ]
└ 가장 작은 수  [    ][    ][    ]

**2**  | 5 | 3 | 8 |

┌ 가장 큰 수  [    ][    ][    ]
└ 가장 작은 수  [    ][    ][    ]

**6**  | 6 | 7 | 1 | 3 |

┌ 가장 큰 수  [    ][    ][    ]
└ 가장 작은 수  [    ][    ][    ]

**3**  | 7 | 9 | 4 |

┌ 가장 큰 수  [    ][    ][    ]
└ 가장 작은 수  [    ][    ][    ]

**7**  | 5 | 6 | 2 | 0 |

┌ 가장 큰 수  [    ][    ][    ]
└ 가장 작은 수  [    ][    ][    ]

**4**  | 0 | 1 | 8 |

┌ 가장 큰 수  [    ][    ][    ]
└ 가장 작은 수  [    ][    ][    ]

**8**  | 4 | 0 | 9 | 6 |

┌ 가장 큰 수  [    ][    ][    ]
└ 가장 작은 수  [    ][    ][    ]

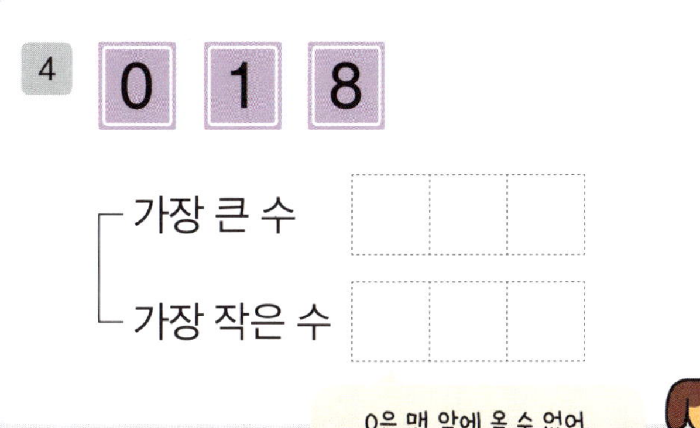



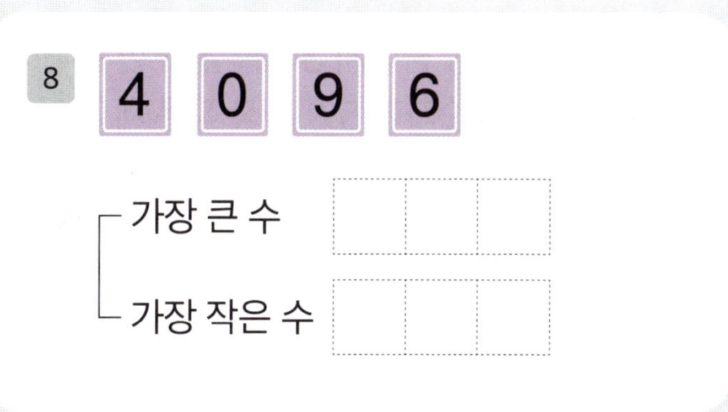

**1** 수 카드 3장을 한 번씩 모두 사용하여
십의 자리 숫자가 **7**인 가장 큰 세 자리 수를 만드세요.

❶ 십의 자리에 7을 쓰고 ➡ (백)(7)(일)
❷ 남은 수 카드를 큰 수부터 쓰면 ➡ 5 7 1

답 _______________

**2** 수 카드 3장을 한 번씩 모두 사용하여
백의 자리 숫자가 **4**인 가장 작은 세 자리 수를 만드세요.

답 _______________

**3** 수 카드 4장 중에서 3장을 골라 한 번씩 사용하여
백의 자리 숫자가 **3**인 가장 큰 세 자리 수를 만드세요.

답 _______________

**4** 수 카드 4장 중에서 3장을 골라 한 번씩 사용하여
십의 자리 숫자가 **5**인 가장 작은 세 자리 수를 만드세요.

답 _______________

**1** 100이 9개, 10이 1개, 1이 7개인 수를 쓰고 읽어 보세요.

쓰기 (                ), 읽기 (                )

**2** 284를 덧셈식으로 나타내려고 합니다. 빈 곳에 알맞은 수를 써넣으세요.

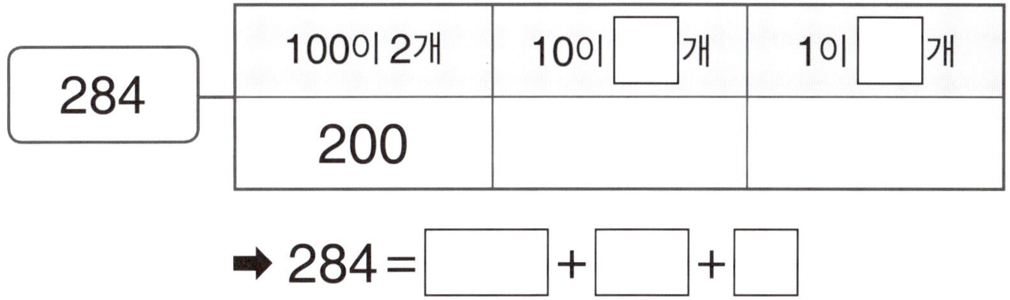

| 284 | 100이 2개 | 10이 ☐개 | 1이 ☐개 |
|---|---|---|---|
| | 200 | | |

➡ 284 = ☐ + ☐ + ☐

**3** 밑줄 친 숫자는 어느 자리 숫자이고, 얼마를 나타내는지 쓰세요.

(1) 5<u>7</u>3 ➡ ☐의 자리 숫자, ☐

(2) 89<u>2</u> ➡ ☐의 자리 숫자, ☐

**4** 뛰어 세는 규칙을 찾아 빈칸에 알맞은 수를 써넣으세요.

| 751 | 761 | 771 | ☐ | ☐ | ☐ | ☐ |
|---|---|---|---|---|---|---|

**5** 두 수의 크기를 비교하여 ○ 안에 > 또는 < 를 알맞게 써넣으세요.

(1) 799 ○ 801      (2) 476 ○ 472

**6** 1부터 9까지의 수 중에서 □ 안에 들어갈 수 있는 수를 모두 쓰세요.

(1) 8□6 < 851 ➡ _______________

(2) □58 > 729 ➡ _______________

**7** 귤이 100개씩 6상자, 10개씩 5바구니, 낱개로 3개 있습니다. 귤은 모두 몇 개일까요?

( )

**8** 백의 자리 숫자가 1, 십의 자리 숫자가 9, 일의 자리 숫자가 2인 세 자리 수를 쓰세요.

( )

**9** 제과점에서 일주일 동안 케이크를 198개, 식빵을 204개 팔았습니다.
케이크와 식빵 중에서 더 많이 판 것은 무엇일까요?

( )

**10** 수 카드 4장 중에서 3장을 골라 한 번씩 사용하여 십의 자리 숫자가 4인 가장 작은 세 자리 수를 만드세요.

( )

# 02 여러 가지 도형

| 학습 일차 | 학습 내용 | 날짜 | 맞은 개수 | |
|---|---|---|---|---|
| | | | 연산 | 응용 |
| DAY 14 | **평면도형 ①**<br>평면도형의 이름 | / | /10 | /4 |
| DAY 15 | **평면도형 ②**<br>평면도형의 구성 요소 | / | /9 | /4 |
| DAY 16 | 쌓기나무 | / | /15 | /4 |
| DAY 17 | 마무리 확인 | / | | /9 |

# 2. 여러 가지 도형

## 평면도형의 이름

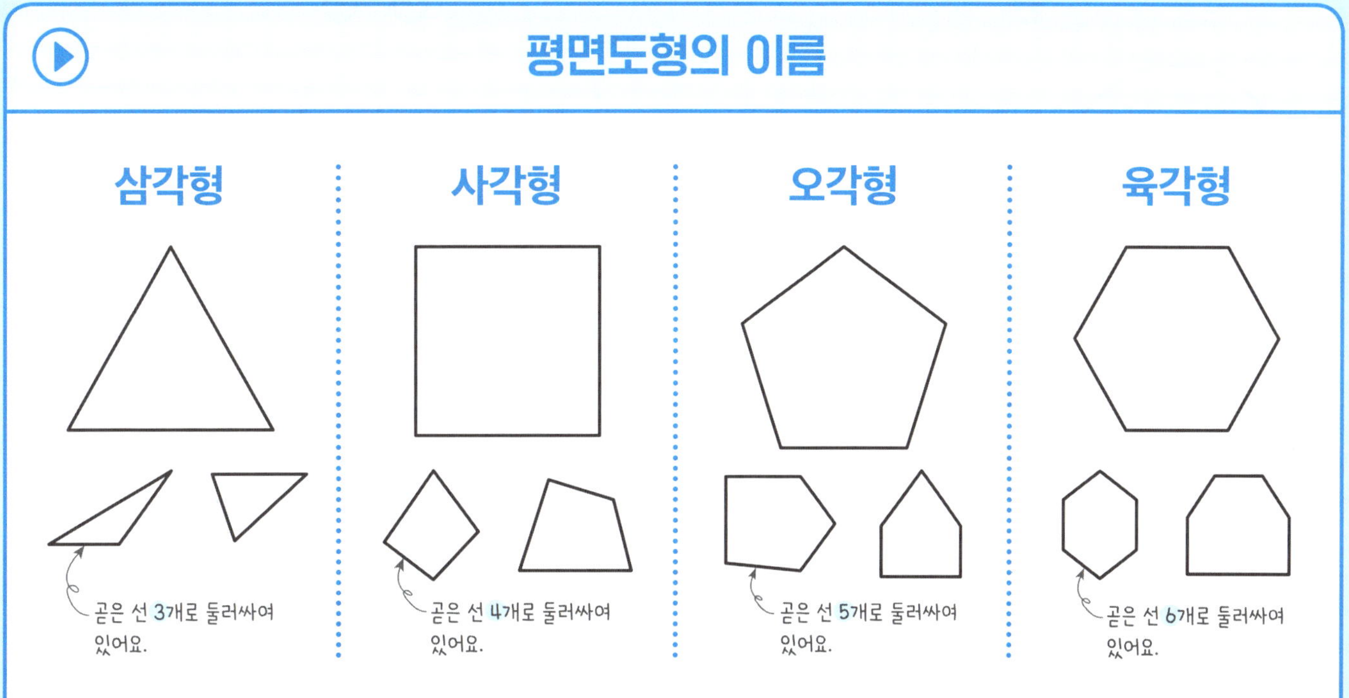

## 평면도형의 구성 요소 - 꼭짓점, 변

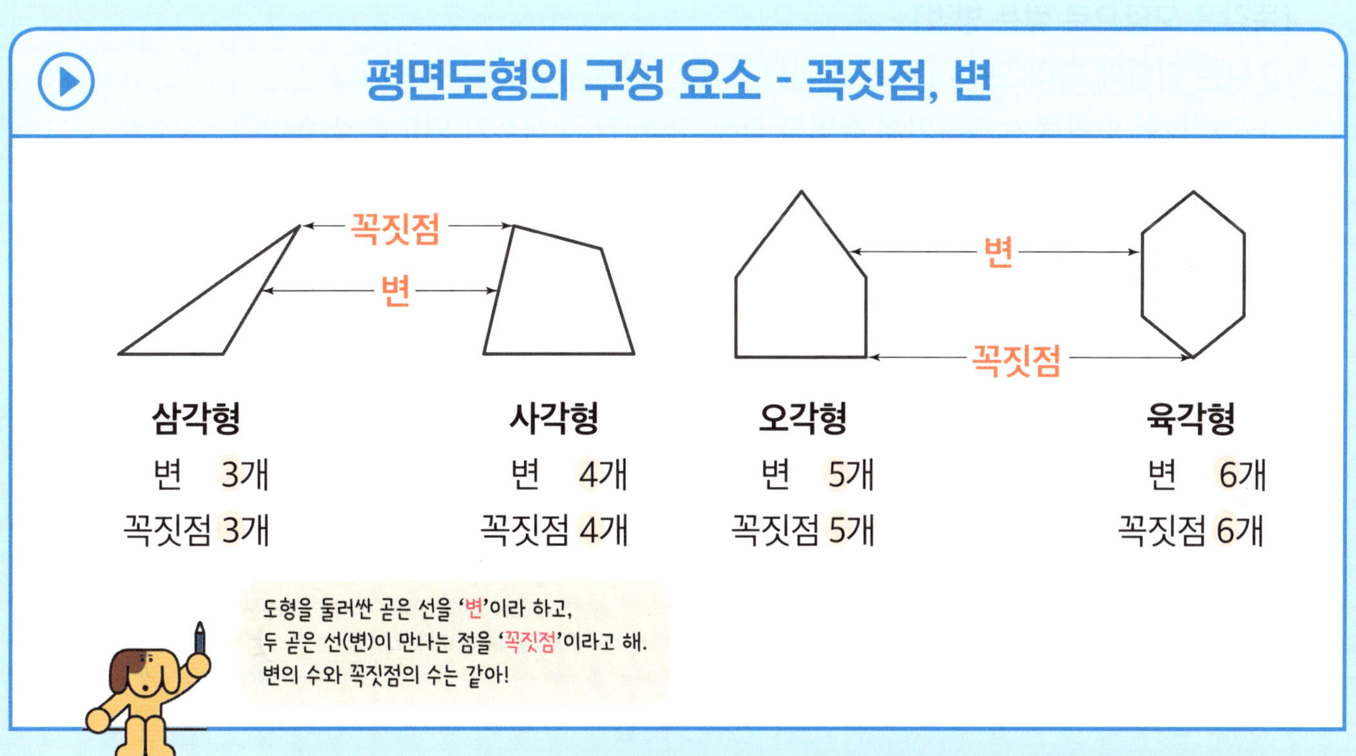

# 평면도형 - 원

## 원

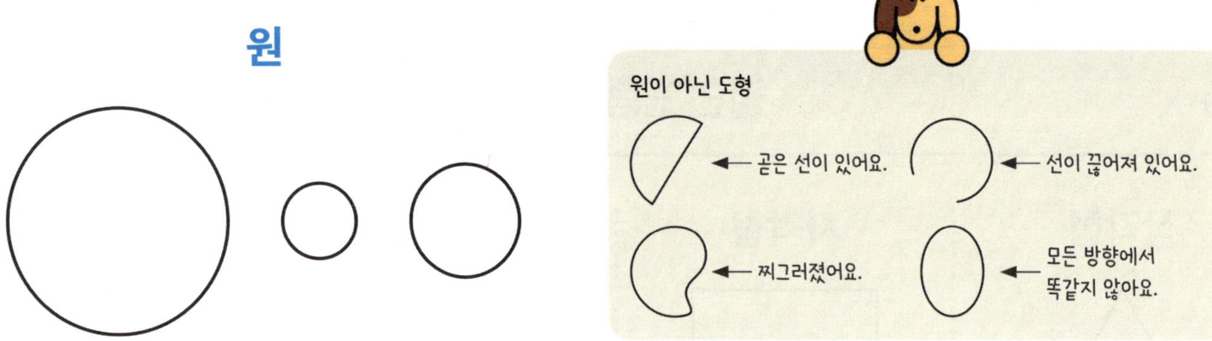


**특징**
① 뾰족한 부분이 없습니다.
② 곧은 선이 없습니다.
③ 길쭉하거나 찌그러진 곳 없이 어느 쪽에서 보아도 똑같이 동그란 모양입니다.
④ 크기는 다르지만 생긴 모양이 서로 같습니다.

# 똑같은 모양으로 쌓기

**[똑같은 모양으로 쌓는 방법]**
① 보는 방향에 따라 모양이 달라 보이므로 앞, 오른쪽 방향을 정합니다.
② 전체적인 모양을 생각하면서 층별로 같은 모양, 같은 개수가 되도록 쌓습니다.
③ 가려져 보이지 않는 쌓기나무가 있는지 다시 한 번 확인합니다.

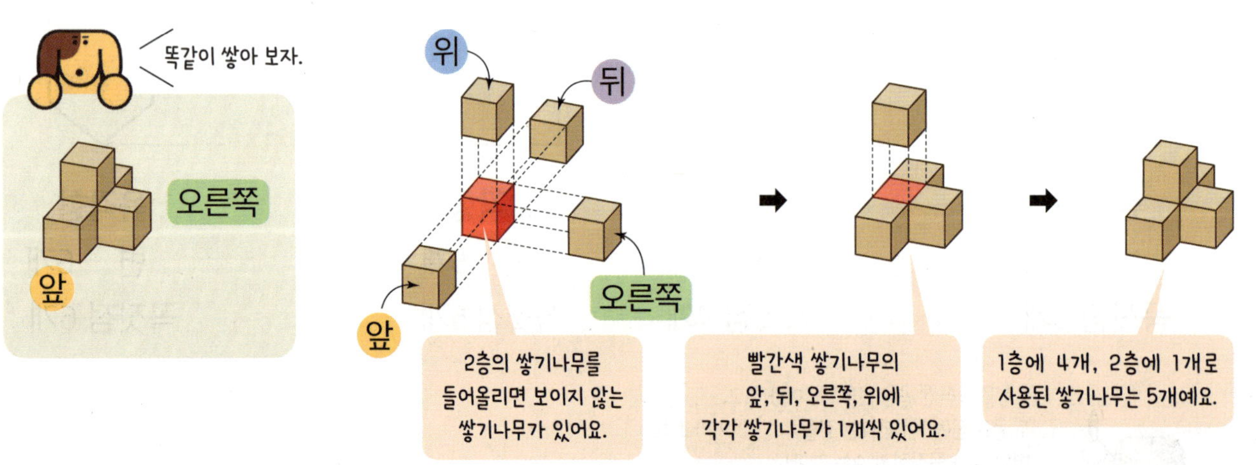

# 14 평면도형 ① 평면도형의 이름

도형의 이름을 쓰세요.

**1**

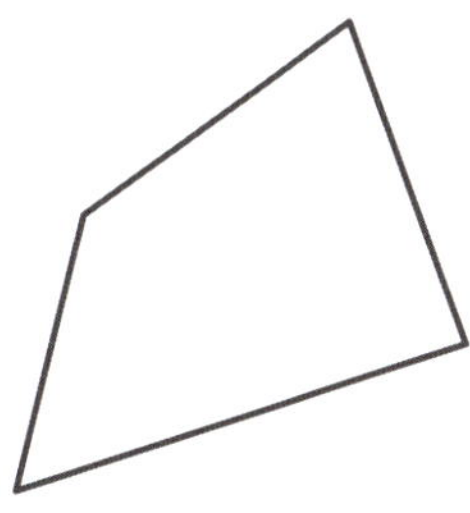

사각형

**6**

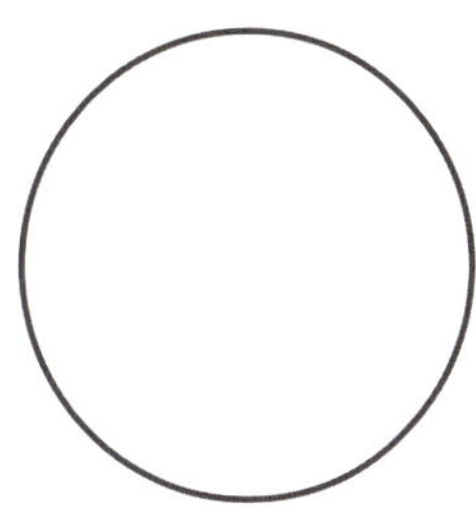

_______

**2**

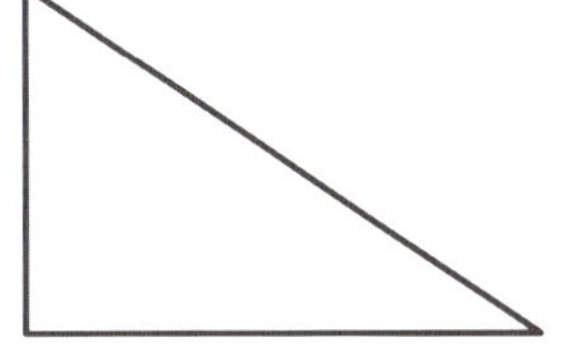

_______

**7**

_______

**3**

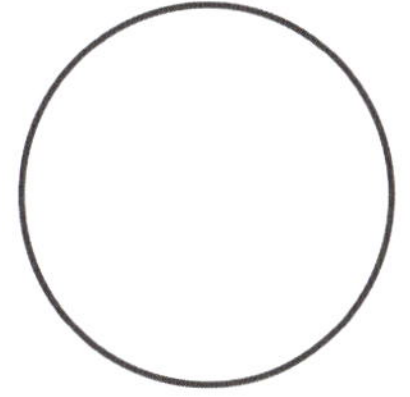

_______

**8**

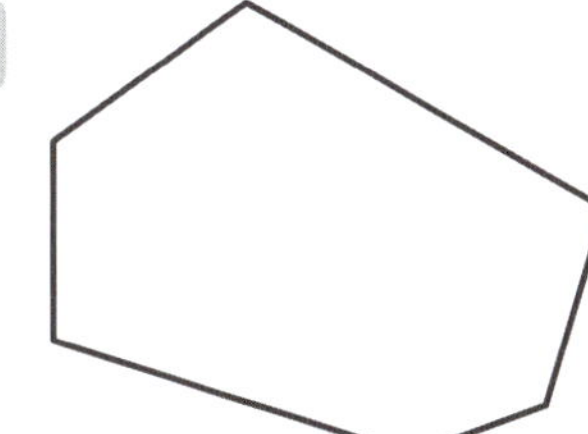

_______

**4**

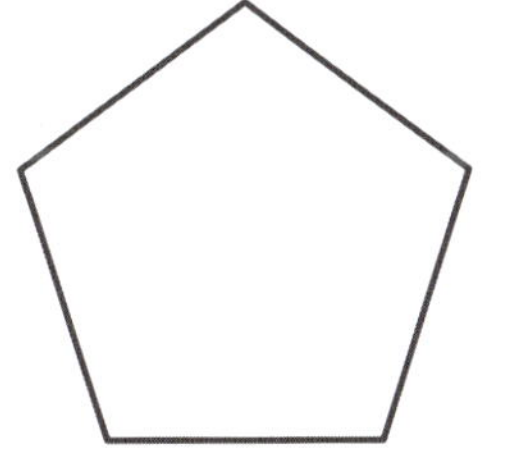

_______

**9**

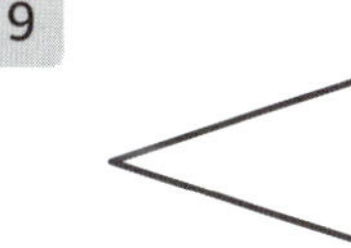

_______

**5**

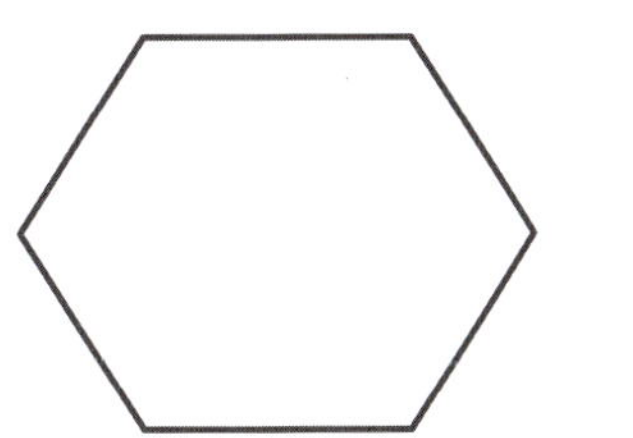

_______

**10**

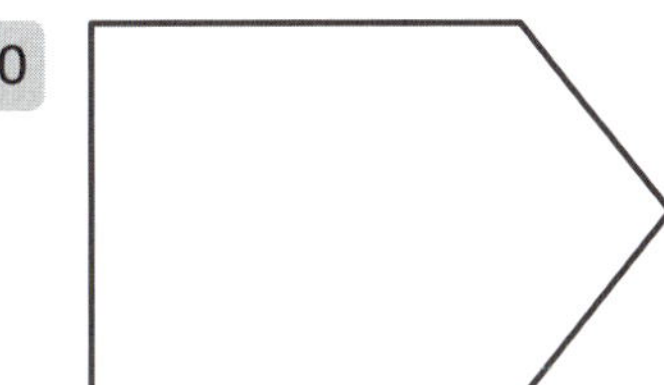

_______

## | 크고 작은 도형을 모두 찾는 문제 |

**1** 도형에서 찾을 수 있는 크고 작은 삼각형은 모두 몇 개일까요?

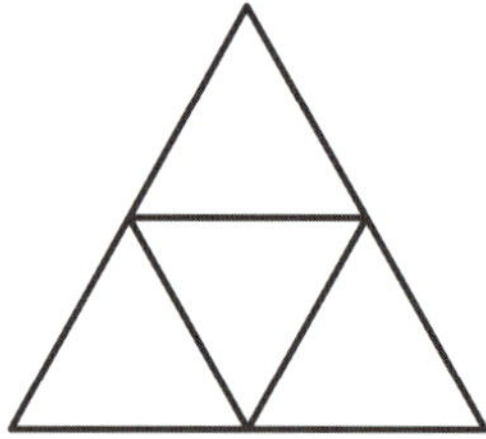

답 _____________

**2** 도형에서 찾을 수 있는 크고 작은 삼각형은 모두 몇 개일까요?

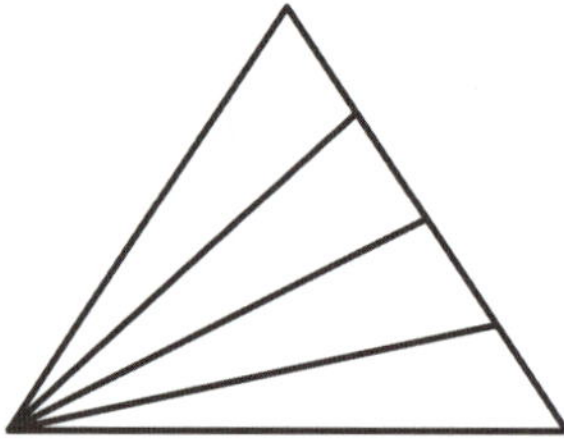

답 _____________

**3** 도형에서 찾을 수 있는 크고 작은 사각형은 모두 몇 개일까요?

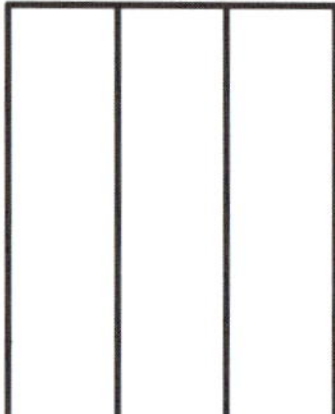

답 _____________

**4** 도형에서 찾을 수 있는 크고 작은 사각형은 모두 몇 개일까요?

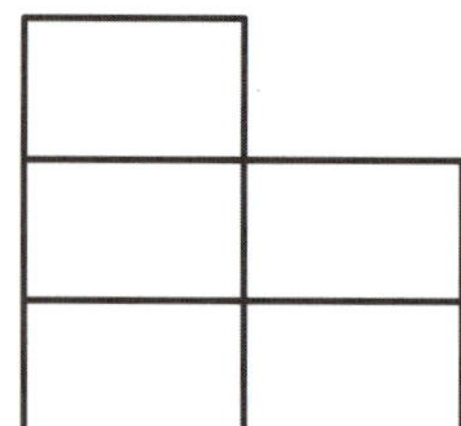

답 _____________

# 15 평면도형 ②
평면도형의 구성 요소

연산 UP

도형의 변의 수와 꼭짓점의 수를 각각 쓰세요.

1
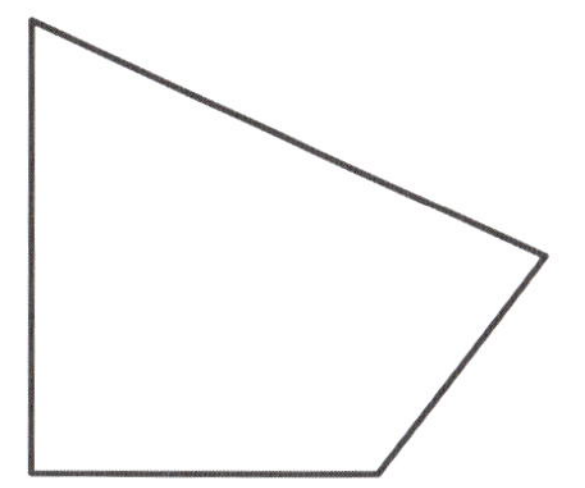

변의 수 ___4___

꼭짓점의 수 ______

4

변의 수 ______

꼭짓점의 수 ______

7
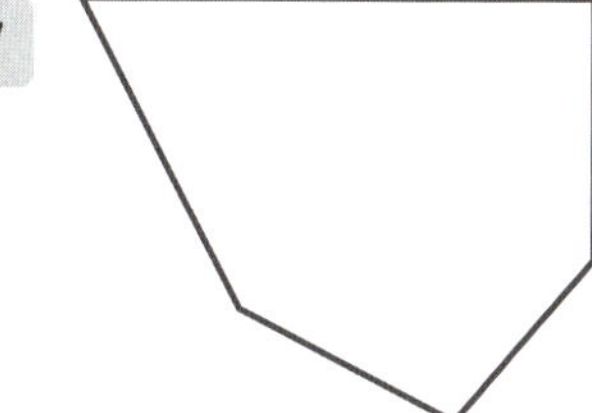

변의 수 ______

꼭짓점의 수 ______

2
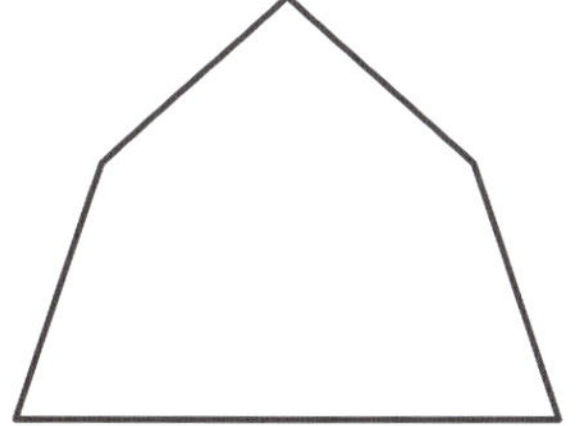

변의 수 ______

꼭짓점의 수 ______

5
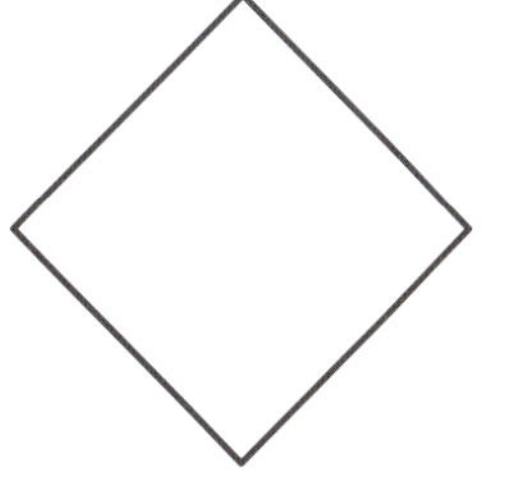

변의 수 ______

꼭짓점의 수 ______

8
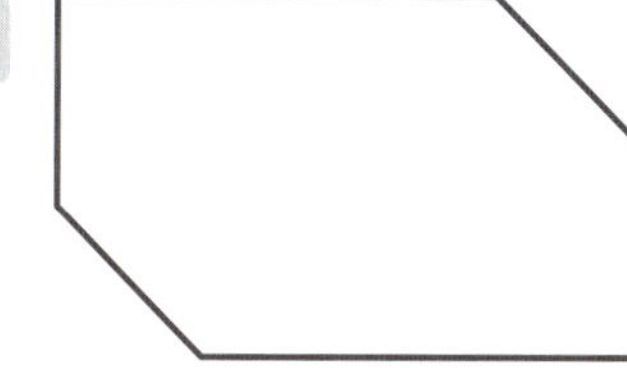

변의 수 ______

꼭짓점의 수 ______

3
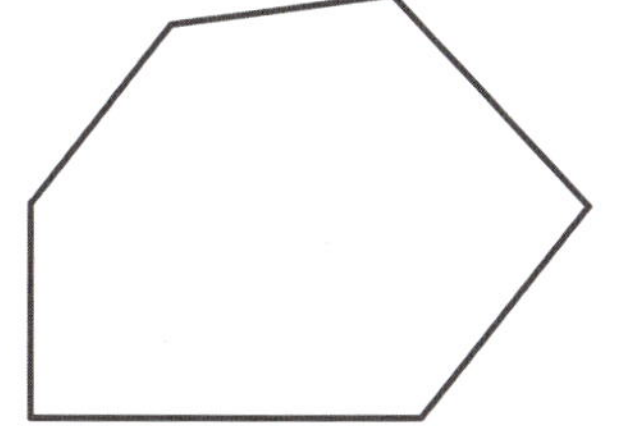

변의 수 ______

꼭짓점의 수 ______

6
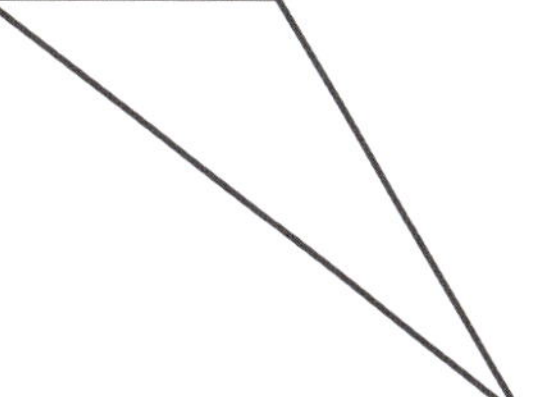

변의 수 ______

꼭짓점의 수 ______

9
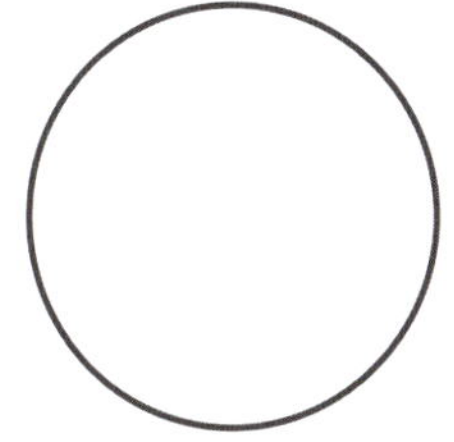

변의 수 ______

꼭짓점의 수 ______

**1** 육각형의 변의 수와 삼각형의 꼭짓점의 수의 합을 구하세요.

(육각형의 변의 수) = 6

(삼각형의 꼭짓점의 수) = ☐

➡ 6 + ☐ = ☐

답 ____________

**2** 사각형은 오각형보다 꼭짓점이 몇 개 더 적을까요?

답 ____________

**3** ★과 ♥의 차를 구하세요.

- 사각형의 변은 ★개입니다.
- 육각형의 꼭짓점은 ♥개입니다.

답 ____________

**4** 다음은 어떤 도형에 대한 설명일까요?

- 곧은 선으로 둘러싸여 있습니다.
- 변의 수와 꼭짓점의 수를 더하면 **12**입니다.

답 ____________

똑같은 모양으로 쌓으려면 쌓기나무가 몇 개 필요한지 구하세요.

**1** 

3개
______

**6** 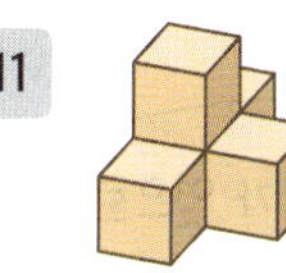

______

**11** 

______

**2** 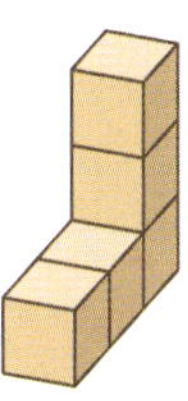

______

**7** 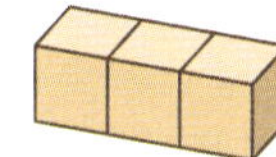

______

**12** 

______

**3** 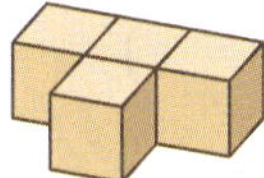

______

**8** 

______

**13** 

______

**4** 

______

**9** 

______

**14** 

______

**5** 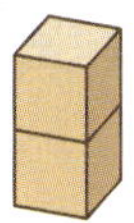

______

**10** 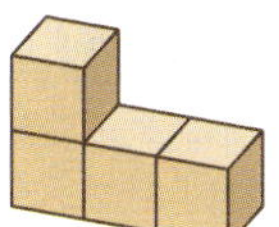

______

**15** 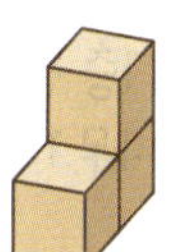

______

# 응용 UP 쌓기나무

설명대로 쌓은 모양을 찾아 ○표 하세요.

**1**

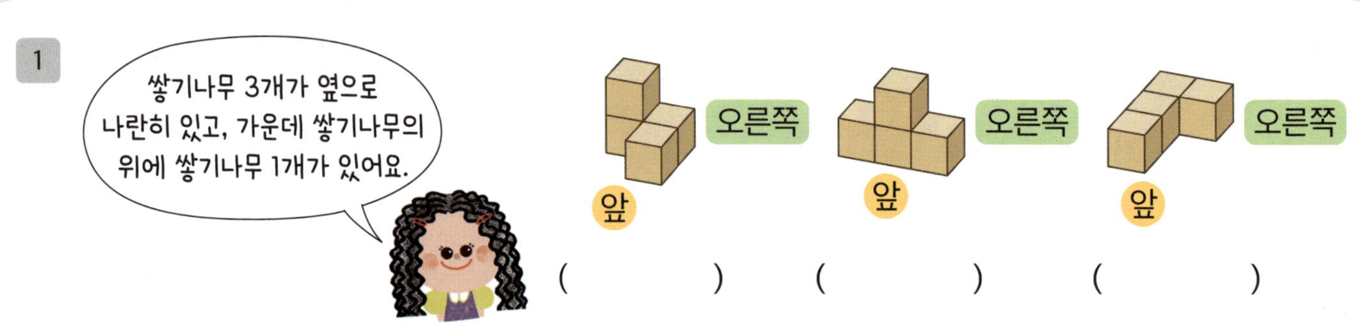


**2**

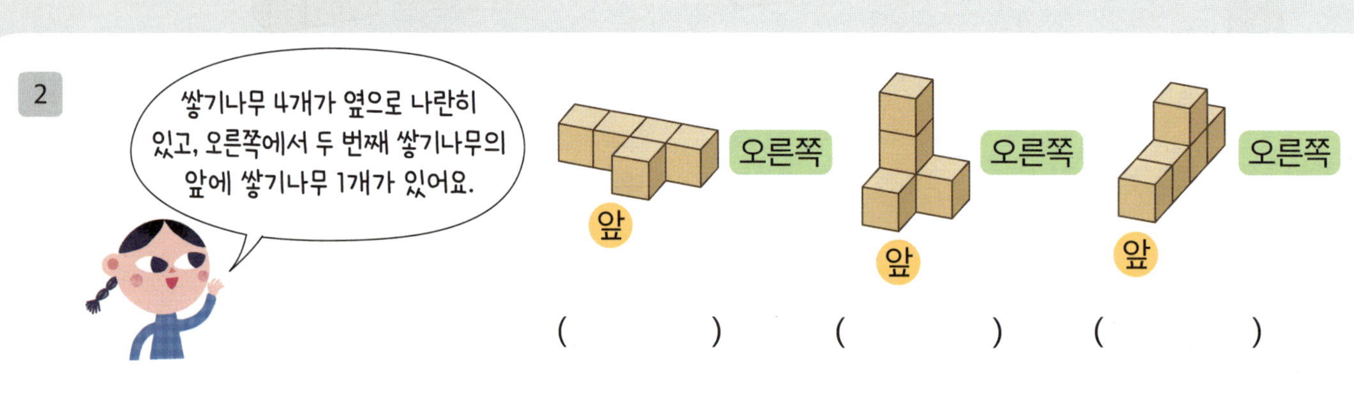


**3**

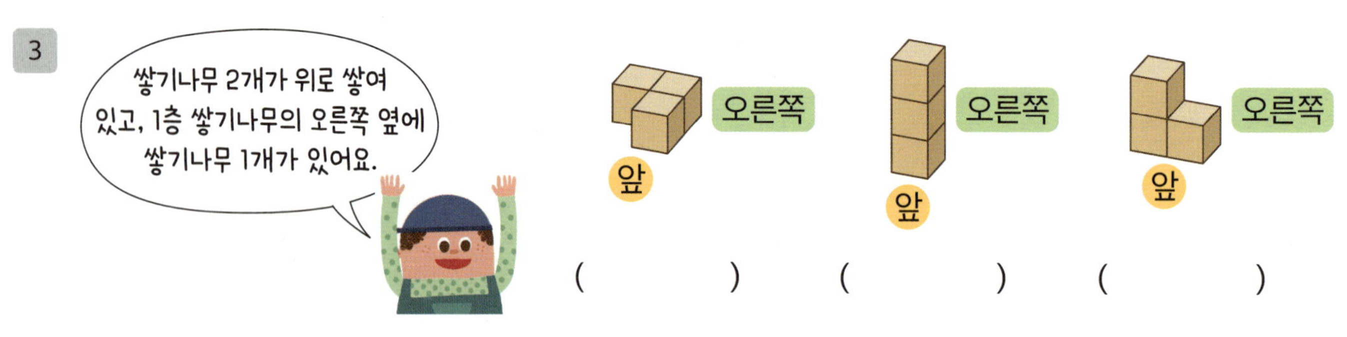


**4**

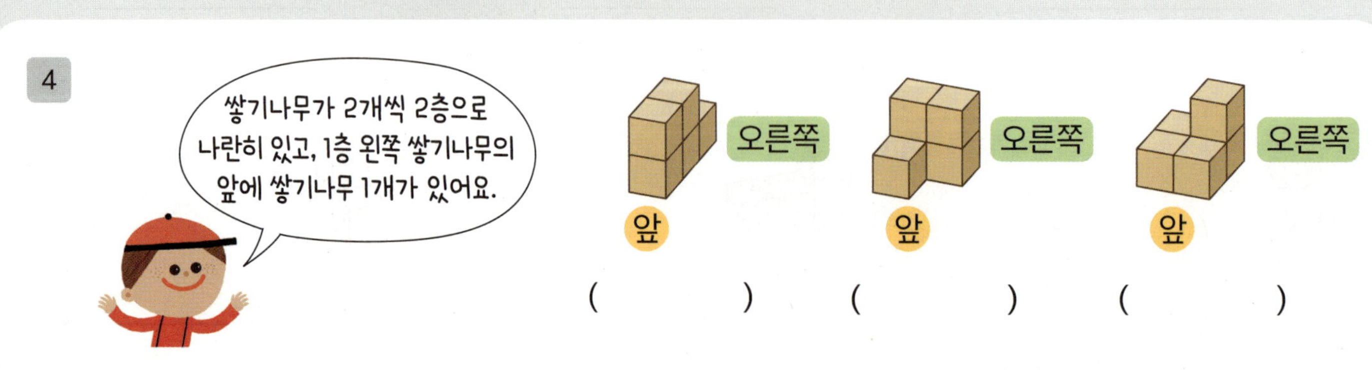

**1** 도형의 이름을 쓰세요.

(1) 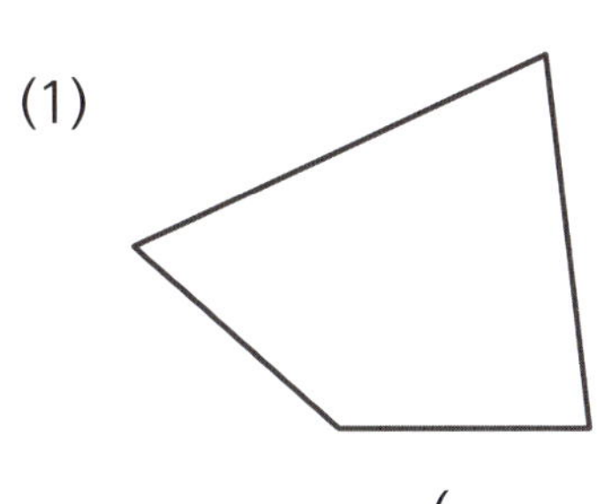

( 　　　　　 )

(2) 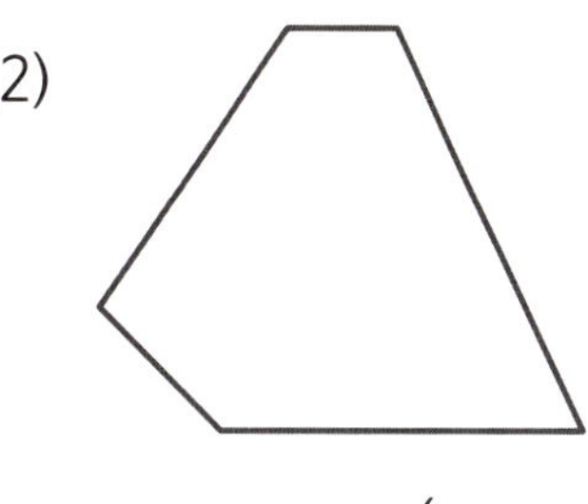

( 　　　　　 )

**2** 도형의 변의 수와 꼭짓점의 수를 각각 쓰세요.

(1) 

변의 수 ( 　　　　　 )

꼭짓점의 수 ( 　　　　　 )

(2) 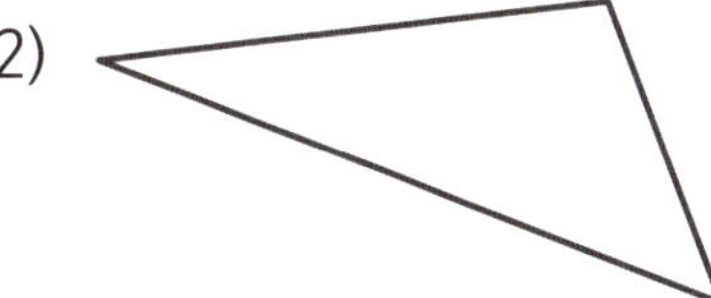

변의 수 ( 　　　　　 )

꼭짓점의 수 ( 　　　　　 )

**3** 똑같은 모양으로 쌓으려면 쌓기나무가 몇 개 필요한지 구하세요.

(1) 

( 　　　　　 )

(2) 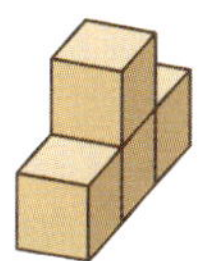

( 　　　　　 )

**4** 도형에서 찾을 수 있는 크고 작은 사각형은 모두 몇 개일까요?

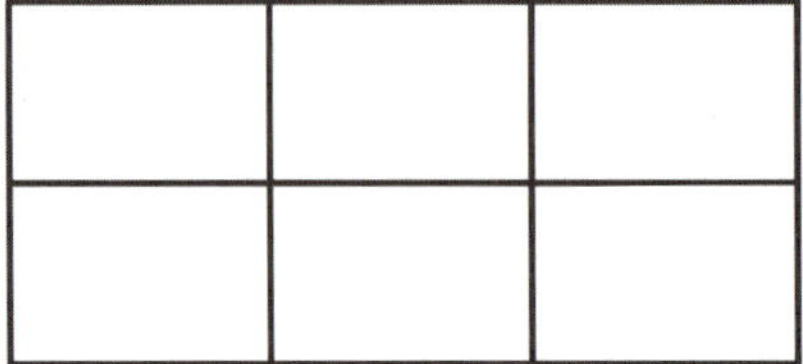

(                    )

**5** 다음은 어떤 도형에 대한 설명일까요?

> • 곧은 선으로 둘러싸인 도형입니다.
> • 삼각형보다 꼭짓점이 **2**개 더 많습니다.

(                    )

**6** 설명대로 쌓은 모양을 찾아 기호를 쓰세요.

> 쌓기나무 **3**개가 옆으로 나란히 있고,
> 오른쪽 쌓기나무의 위에 쌓기나무 **2**개가 있습니다.

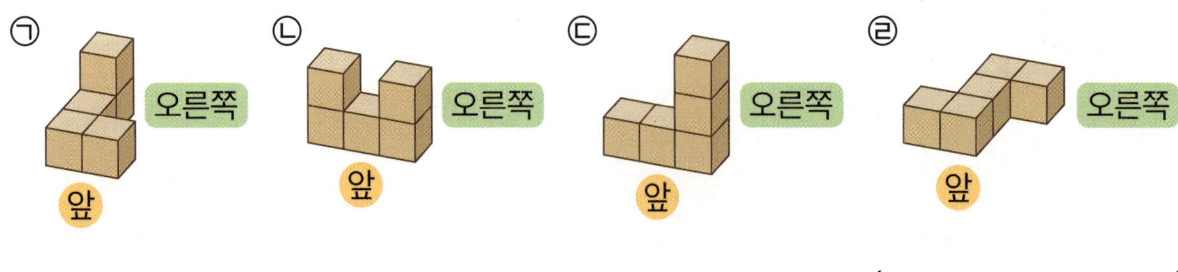


(                    )

# 03

# 덧셈과 뺄셈(1)

| 학습 일차 | 학습 내용 | 날짜 | 맞은 개수 | |
|---|---|---|---|---|
| | | | 연산 | 응용 |
| DAY 18 | 덧셈 ①<br>(두 자리 수)+(한 자리 수) 세로셈 | / | /20 | /5 |
| DAY 19 | 덧셈 ②<br>(두 자리 수)+(한 자리 수) 세로셈 | / | /20 | /9 |
| DAY 20 | 덧셈 ③<br>(두 자리 수)+(한 자리 수) 가로셈 | / | /12 | /1 |
| DAY 21 | 뺄셈 ①<br>(두 자리 수)−(한 자리 수) 세로셈 | / | /20 | /5 |
| DAY 22 | 뺄셈 ②<br>(두 자리 수)−(한 자리 수) 세로셈 | / | /20 | /9 |
| DAY 23 | 뺄셈 ③<br>(두 자리 수)−(한 자리 수) 가로셈 | / | /12 | /6 |
| DAY 24 | 덧셈과 뺄셈 종합 ①<br>(두 자리 수)±(한 자리 수) 세로셈 | / | /20 | /6 |
| DAY 25 | 덧셈과 뺄셈 종합 ②<br>(두 자리 수)±(한 자리 수) 가로셈 | / | /12 | /5 |
| DAY 26 | 마무리 확인 | / | | /24 |

 **(두 자리 수)+(한 자리 수) 계산 원리**

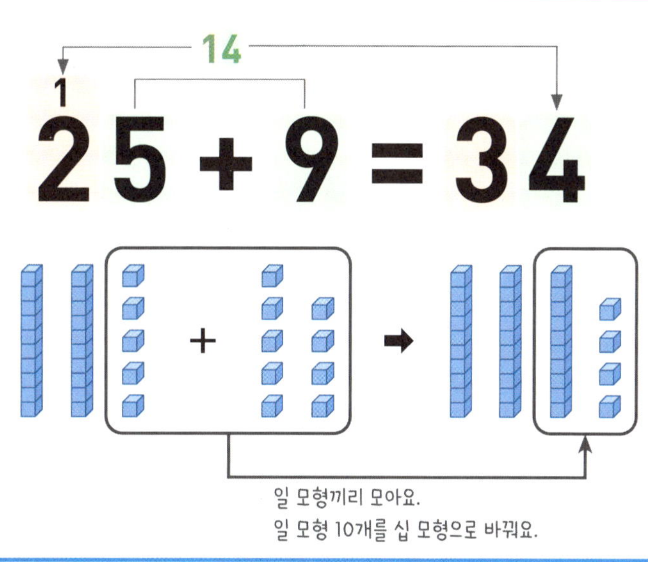

$$25 + 9 = 34$$



일 모형끼리 모아요.
일 모형 10개를 십 모형으로 바꿔요.

**받아올림**이란?
같은 자리 수끼리의 합이 10이거나 10보다 크면 10만큼을 바로 윗자리로 줘야 해.
이것을 **받아올림**이라고 해.
즉, 일 모형 10개를 십 모형 1개로 바꾸는 거야.
그럼 일 모형은 10개가 줄고, 십 모형은 1개가 늘어나게 되지.

 **(두 자리 수)+(한 자리 수) 세로셈**

❶ 같은 자리끼리 한 줄로 써요.    ❷ **일**의 자리 먼저 계산해요.    ❸ **십**의 자리를 계산해요.

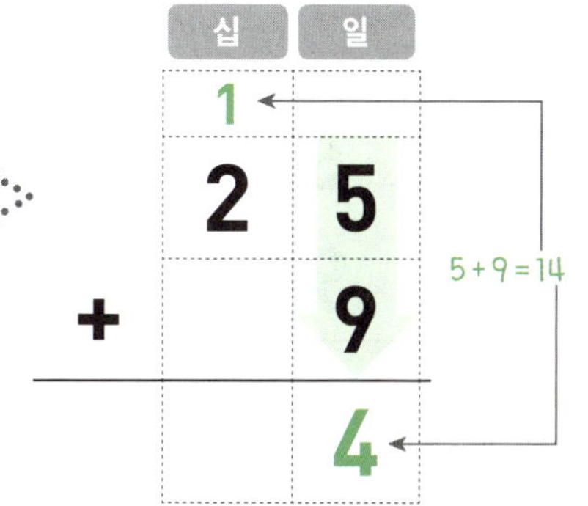

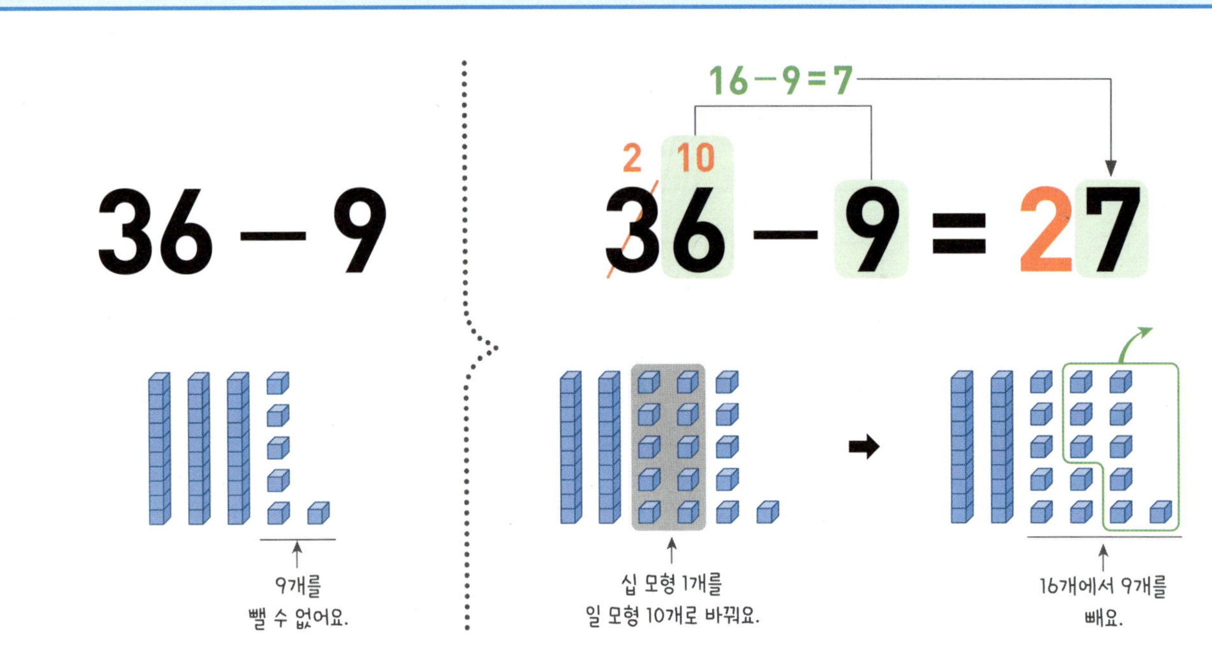


같은 자리끼리 뺄 수 없을 때 바로 윗자리에서 10만큼을 빌려 와.
이것을 받아내림이라고 해.
십 모형 1개를 일 모형 10개로 바꿔서 일 모형에게 주는 거야.

**(두 자리 수) − (한 자리 수) 세로셈**

❶ 같은 자리끼리 써요.

❷ **일**의 자리 계산

❸ **십**의 자리 계산

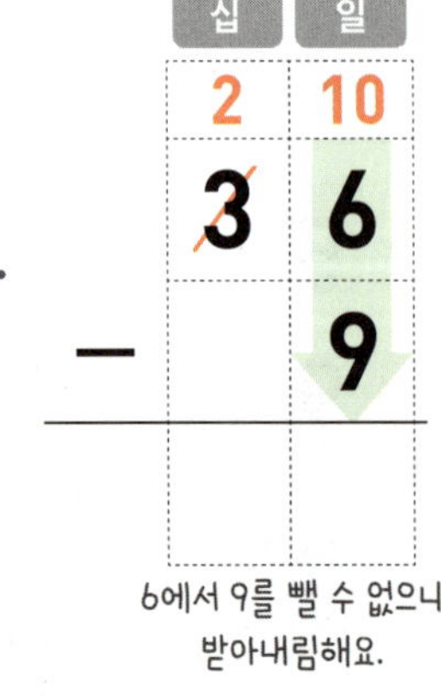

# 덧셈 ① (두 자리 수)+(한 자리 수) 세로셈



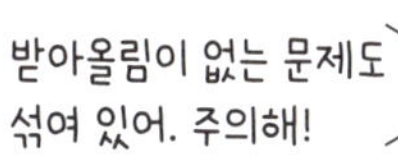

**1**

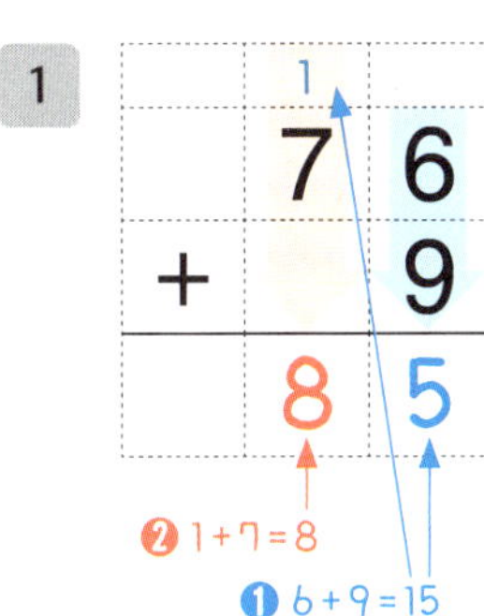

```
    7 6
  +   9
  -----
    8 5
```
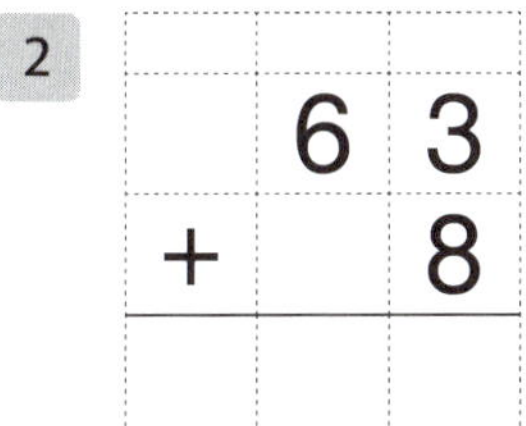
❷ 1+7=8
❶ 6+9=15

**6**
```
    2 9
  +   2
```

**11**
```
    1 9
  +   9
```

**16**
```
      1
  + 4 6
```

**2**
```
    6 3
  +   8
```

**7**
```
    3 7
  +   7
```

**12**
```
    7 8
  +   8
```

**17**
```
      4
  + 9 4
```

**3**
```
    2 5
  +   7
```

**8**
```
    8 3
  +   6
```

**13**
```
    4 5
  +   5
```

**18**
```
      9
  + 2 5
```

**4**
```
    5 6
  +   2
```

**9**
```
    6 8
  +   5
```

**14**
```
    9 6
  +   6
```

**19**
```
      3
  + 8 9
```

**5**
```
    8 3
  +   7
```

**10**
```
    9 5
  +   9
```

**15**
```
    3 4
  +   5
```

**20**
```
      7
  + 6 5
```

**1**  두 수 **49**와 **7**의 합을 구하세요.

'합'을 구하라는 말은
주어진 수끼리 더했을 때의 값을 구하라는 말이야.

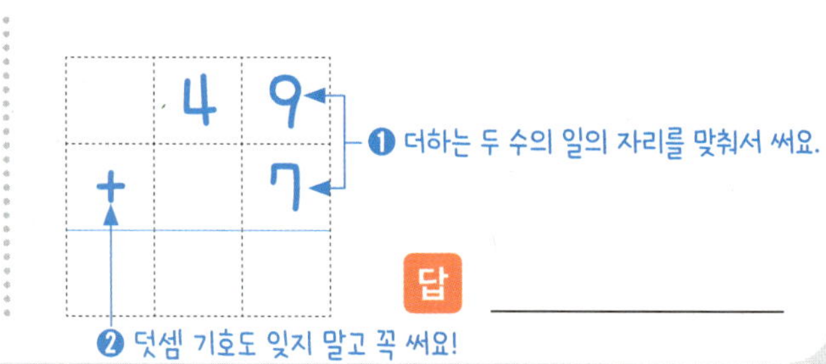


**2**  **53**보다 **9** 더 큰 수를 구하세요.

**3**  딸기 우유가 **8**개, 초코 우유가 **27**개 있습니다.
우유는 모두 몇 개일까요?

**4**  성현이는 줄넘기를 **79**번 넘었고,
종민이는 성현이보다 **8**번 더 많이 넘었습니다.
종민이는 줄넘기를 몇 번 넘었을까요?

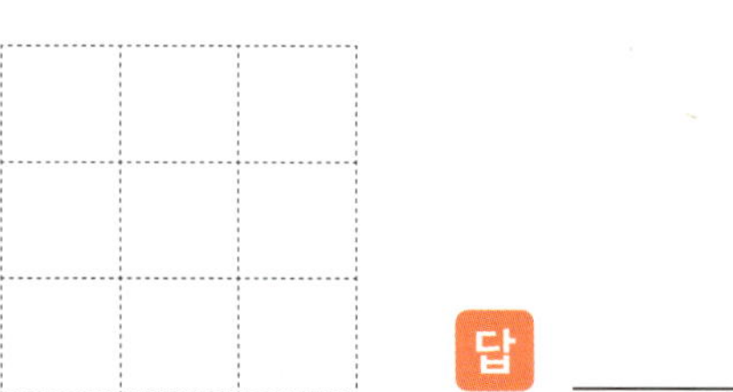


**5**  이모는 **27**살입니다.
삼촌은 이모보다 **3**살 더 많습니다.
삼촌은 몇 살일까요?

**1**
```
    1
    5 6
  +   7
  ─────
    6 3
```

**2**
```
    3 3
  +   4
  ─────
```

**3**
```
    2 1
  +   9
  ─────
```

**4**
```
    8 5
  +   8
  ─────
```

**5**
```
    6 9
  +   7
  ─────
```

**6**
```
    2 8
  +   9
  ─────
```

**7**
```
    7 6
  +   6
  ─────
```

**8**
```
    8 7
  +   4
  ─────
```

**9**
```
    9 9
  +   9
  ─────
```

**10**
```
    3 2
  +   9
  ─────
```

**11**
```
    7 5
  +   6
  ─────
```

**12**
```
    5 8
  +   7
  ─────
```

**13**
```
    4 4
  +   5
  ─────
```

**14**
```
    1 7
  +   3
  ─────
```

**15**
```
    9 2
  +   7
  ─────
```

**16**
```
      4
  + 1 8
  ─────
```

**17**
```
      9
  + 6 6
  ─────
```

**18**
```
      6
  + 3 6
  ─────
```

**19**
```
      8
  + 4 3
  ─────
```

**20**
```
      5
  + 5 5
  ─────
```

□ 안에 알맞은 수를 써넣어 덧셈식을 완성하세요.

**1**

$$
\begin{array}{r}
2\ \boxed{6} \\
+\ \ \ 7 \\
\hline
3\ \ 3
\end{array}
$$

2에서 3으로 바뀌었어.
일의 자리에서 받아올림이
있다는 뜻!

□+7=13
7과 더해서 13이
되는 수는?

**2**

$$
\begin{array}{r}
8\ \boxed{\phantom{0}} \\
+\ \ \ 4 \\
\hline
9\ \ 2
\end{array}
$$

**3**

$$
\begin{array}{r}
7\ \ 6 \\
+\ \ \boxed{\phantom{0}} \\
\hline
8\ \ 1
\end{array}
$$

**4**

$$
\begin{array}{r}
4\ \ 3 \\
+\ \ \boxed{\phantom{0}} \\
\hline
5\ \ 0
\end{array}
$$

**5**

$$
\begin{array}{r}
1\ \ 8 \\
+\ \ \boxed{\phantom{0}} \\
\hline
\boxed{\phantom{0}}\ \ 6
\end{array}
$$

**6**

$$
\begin{array}{r}
3\ \boxed{\phantom{0}} \\
+\ \ \ 2 \\
\hline
3\ \ 8
\end{array}
$$

**7**

$$
\begin{array}{r}
\boxed{\phantom{0}}\ \ 3 \\
+\ \ \ 2 \\
\hline
4\ \boxed{\phantom{0}}
\end{array}
$$

**8**

$$
\begin{array}{r}
\boxed{\phantom{0}}\ \ 7 \\
+\ \ \ 7 \\
\hline
7\ \boxed{\phantom{0}}
\end{array}
$$

**9**

$$
\begin{array}{r}
2\ \boxed{\phantom{0}} \\
+\ \ \ 5 \\
\hline
\boxed{\phantom{0}}\ \ 4
\end{array}
$$

**1**   $48 + 5 = 53$

**5**   $39 + 4 =$

**9**   $86 + 7 =$

**2**   $12 + 9 =$

**6**   $65 + 7 =$

**10**   $49 + 9 =$

**3**   $26 + 8 =$

**7**   $54 + 8 =$

**11**   $66 + 6 =$

**4**   $3 + 97 =$

**8**   $5 + 76 =$

**12**   $2 + 29 =$

곰은 누구를 만나러 가는 길일까요? 합이 맞는 길을 따라가세요.

# 뺄셈 ① (두 자리 수)-(한 자리 수) 세로셈



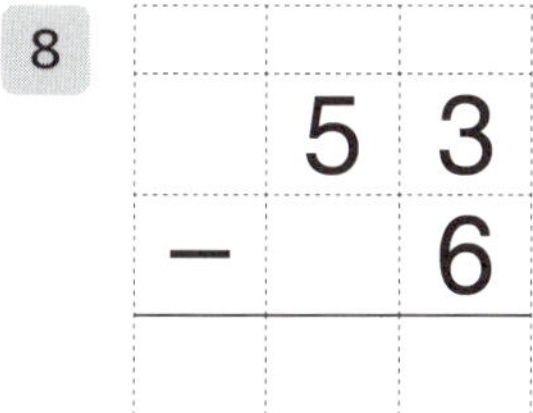


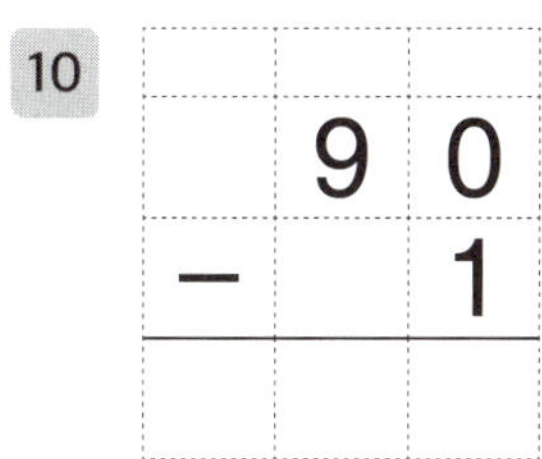

❶ 십의 자리에서 10을 받아내림해요.

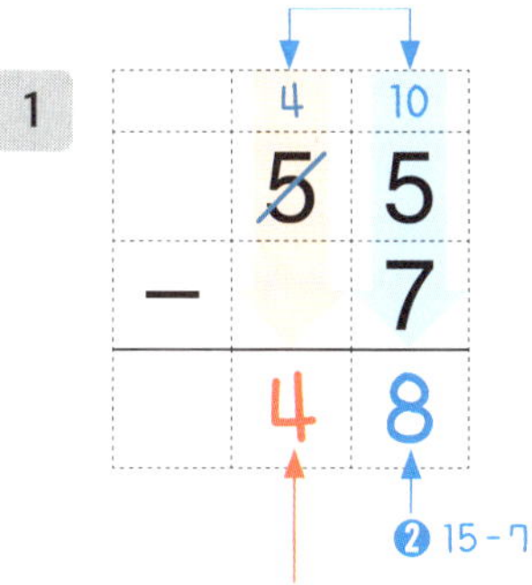

**1**
```
   4  10
   5  5
 -    7
   4  8
```
❷ 15-7=8
❸ 받아내림하고 남은 수를 써요.

**6**
```
   7  9
 -    4
```

**11**
```
   2  7
 -    6
```

**16**
```
   1  4
 -    9
```

**2**
```
   6  6
 -    9
```

**7**
```
   8  1
 -    4
```

**12**
```
   9  4
 -    8
```

**17**
```
   3  0
 -    5
```

**3**
```
   7  0
 -    8
```

**8**
```
   5  3
 -    6
```

**13**
```
   3  3
 -    5
```

**18**
```
   4  7
 -    8
```

**4**
```
   4  5
 -    5
```

**9**
```
   6  8
 -    9
```

**14**
```
   5  2
 -    7
```

**19**
```
   7  1
 -    2
```

**5**
```
   8  3
 -    9
```

**10**
```
   9  0
 -    1
```

**15**
```
   6  4
 -    5
```

**20**
```
   2  5
 -    8
```

1  두 수 82와 6의 차를 구하세요.

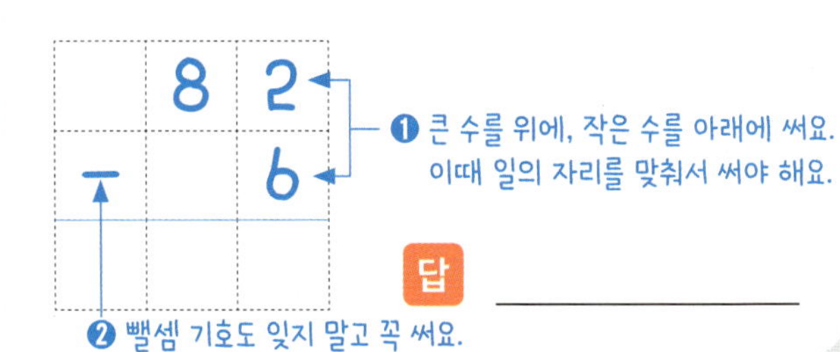


2  31보다 4 더 작은 수를 구하세요.

3  빵집에 식빵이 8개, 크림빵이 43개 있습니다.
크림빵은 식빵보다 몇 개 더 많을까요?

4  한 달 동안 현수는 동화책을 84권 읽었고,
민정이는 현수보다 5권 더 적게 읽었습니다.
민정이가 읽은 동화책은 몇 권일까요?

5  초콜릿 25개 중에서 7개를 먹었습니다.
남은 초콜릿은 몇 개일까요?

# 뺄셈 ② (두 자리 수)-(한 자리 수) 세로셈

받아내림에 주의해서
일의 자리부터 계산해요.

| 1 | $\begin{array}{r} 8\!\!\!/\,4 \\ -\ \ 8 \\ \hline 7\ 6 \end{array}$ | 6 | $\begin{array}{r} 7\ 5 \\ -\ \ 9 \\ \hline \end{array}$ | 11 | $\begin{array}{r} 6\ 2 \\ -\ \ 4 \\ \hline \end{array}$ | 16 | $\begin{array}{r} 2\ 7 \\ -\ \ 9 \\ \hline \end{array}$ |

| 2 | $\begin{array}{r} 9\ 3 \\ -\ \ 6 \\ \hline \end{array}$ | 7 | $\begin{array}{r} 6\ 0 \\ -\ \ 3 \\ \hline \end{array}$ | 12 | $\begin{array}{r} 3\ 3 \\ -\ \ 9 \\ \hline \end{array}$ | 17 | $\begin{array}{r} 5\ 1 \\ -\ \ 7 \\ \hline \end{array}$ |

| 3 | $\begin{array}{r} 4\ 2 \\ -\ \ 7 \\ \hline \end{array}$ | 8 | $\begin{array}{r} 8\ 1 \\ -\ \ 4 \\ \hline \end{array}$ | 13 | $\begin{array}{r} 9\ 5 \\ -\ \ 6 \\ \hline \end{array}$ | 18 | $\begin{array}{r} 6\ 4 \\ -\ \ 3 \\ \hline \end{array}$ |

| 4 | $\begin{array}{r} 7\ 0 \\ -\ \ 7 \\ \hline \end{array}$ | 9 | $\begin{array}{r} 5\ 4 \\ -\ \ 6 \\ \hline \end{array}$ | 14 | $\begin{array}{r} 2\ 1 \\ -\ \ 5 \\ \hline \end{array}$ | 19 | $\begin{array}{r} 9\ 0 \\ -\ \ 9 \\ \hline \end{array}$ |

| 5 | $\begin{array}{r} 8\ 6 \\ -\ \ 2 \\ \hline \end{array}$ | 10 | $\begin{array}{r} 9\ 8 \\ -\ \ 9 \\ \hline \end{array}$ | 15 | $\begin{array}{r} 4\ 2 \\ -\ \ 8 \\ \hline \end{array}$ | 20 | $\begin{array}{r} 7\ 3 \\ -\ \ 5 \\ \hline \end{array}$ |

□ 안에 알맞은 수를 써넣어 뺄셈식을 완성하세요.

**1**

**2**

$$\begin{array}{cc} 8 & \square \\ - & 4 \\ \hline 8 & 2 \end{array}$$

**3**

$$\begin{array}{cc} 5 & 3 \\ - & \square \\ \hline 4 & 7 \end{array}$$

**4**

$$\begin{array}{cc} 4 & 5 \\ - & \square \\ \hline 3 & 6 \end{array}$$

**5**

$$\begin{array}{cc} 9 & 6 \\ - & \square \\ \hline \square & 8 \end{array}$$

**6**

$$\begin{array}{cc} 3 & \square \\ - & 2 \\ \hline 2 & 8 \end{array}$$

**7**

$$\begin{array}{cc} \square & 4 \\ - & 7 \\ \hline 5 & \square \end{array}$$

**8**

$$\begin{array}{cc} \square & 7 \\ - & 3 \\ \hline 2 & \square \end{array}$$

**9**

$$\begin{array}{cc} 4 & \square \\ - & 6 \\ \hline \square & 5 \end{array}$$

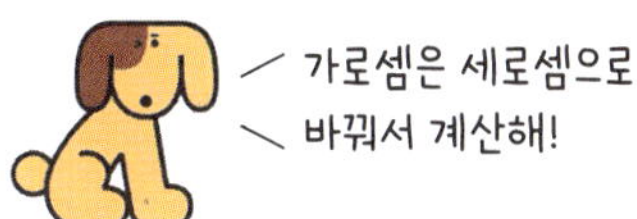


**1** 45−8= 37

**5** 51−3=

**9** 62−5=

**2** 22−9=

**6** 60−2=

**10** 43−9=

**3** 93−7=

**7** 84−5=

**11** 58−6=

**4** 75−6=

**8** 31−8=

**12** 20−1=

□ 안에 풍선에 쓰인 숫자를 한 번씩 써넣어 뺄셈식을 완성하세요.

# 덧셈과 뺄셈 종합 ①
(두 자리 수)±(한 자리 수) 세로셈



❶ 덧셈인지, 뺄셈인지 잘 보고
❷ 일의 자리부터 계산해요.

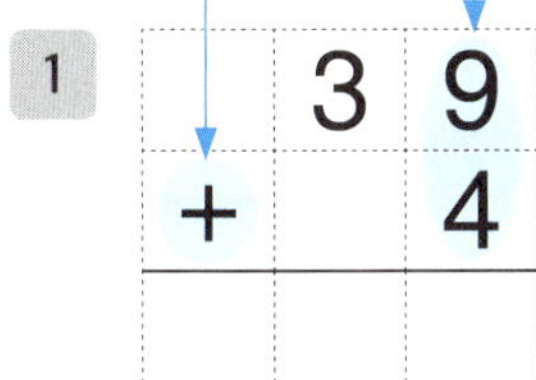
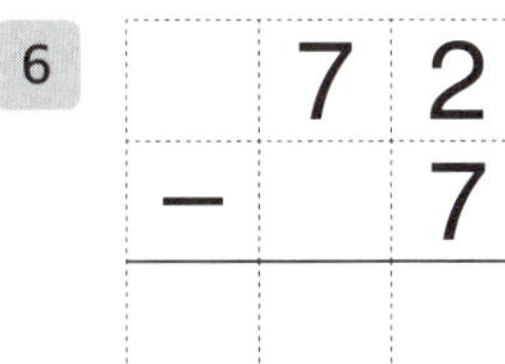

1
```
    3 9
+     4
───────
```

6
```
    7 2
−     7
───────
```

11
```
    8 7
+     5
───────
```

16
```
    3 6
−     8
───────
```

2
```
    8 0
−     9
───────
```

7
```
    9 4
+     6
───────
```

12
```
    6 3
−     6
───────
```

17
```
    4 9
+     8
───────
```

3
```
    5 3
+     8
───────
```

8
```
    3 4
−     9
───────
```

13
```
    7 8
+     7
───────
```

18
```
    4 2
−     4
───────
```

4
```
    4 5
−     9
───────
```

9
```
    6 5
+     9
───────
```

14
```
    9 1
−     5
───────
```

19
```
    8 4
+     9
───────
```

5
```
    2 7
+     7
───────
```

10
```
    5 6
−     4
───────
```

15
```
    1 5
+     6
───────
```

20
```
    6 5
−     9
───────
```

□ 안에 알맞은 수를 써넣으세요.

**1**
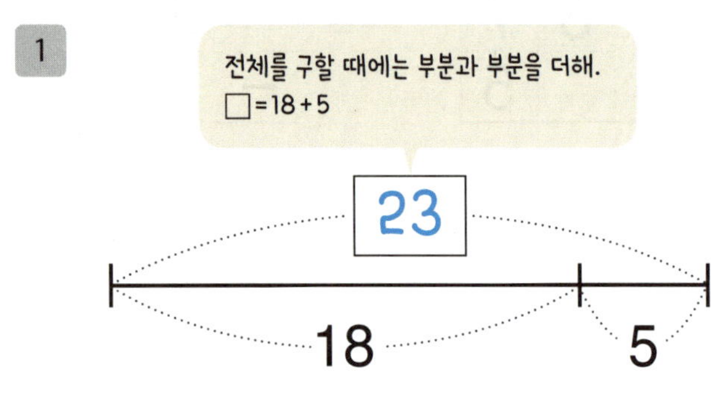


**4**
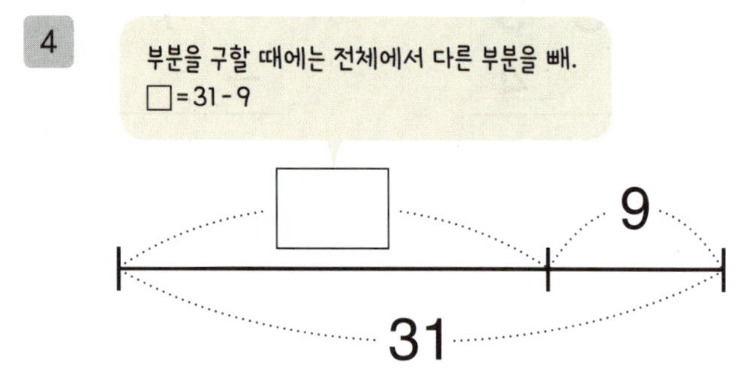


**2**
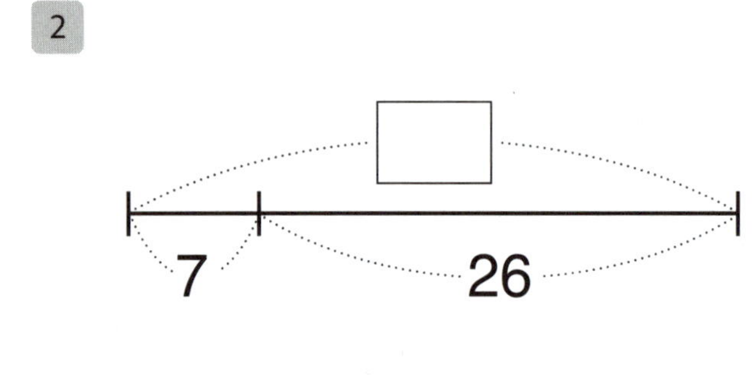


**5**
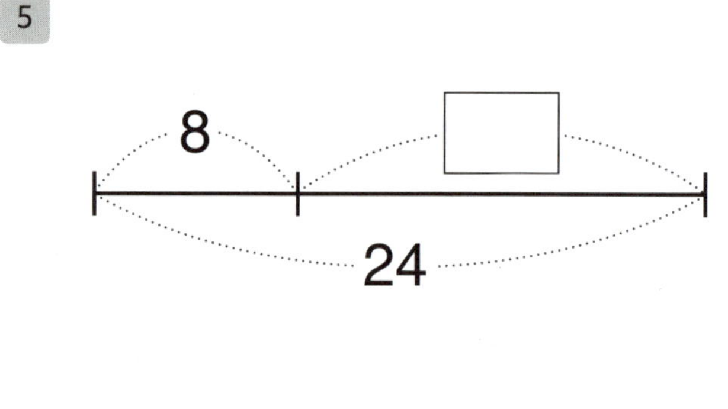


**3**
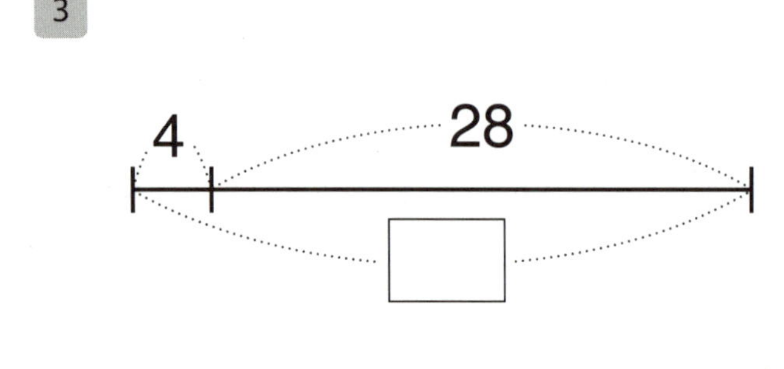


**6**
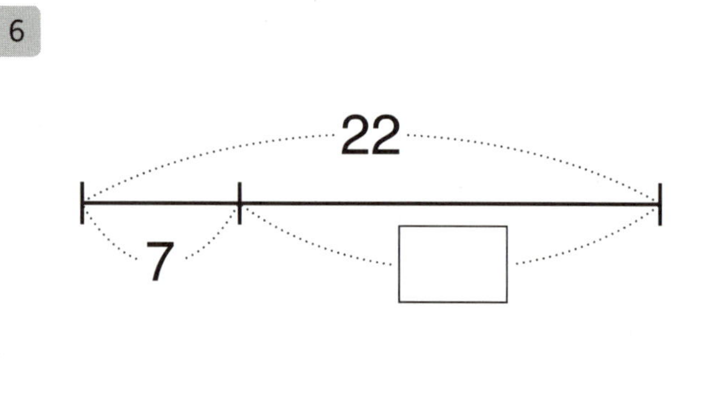

# 덧셈과 뺄셈 종합②

(두 자리 수)±(한 자리 수) 가로셈



❶ 덧셈인지, 뺄셈인지 잘 보고

❷ 등호 옆에 계산 결과를 써요.

1 $76+8=$

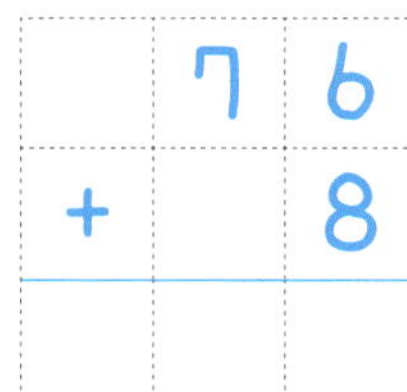

2 $61-5=$

3 $93+8=$

4 $28-9=$

5 $43-4=$

6 $17+6=$

7 $52-8=$

8 $68+6=$

9 $3+59=$

10 $97-9=$

11 $2+49=$

12 $75-7=$

**1** 하준이네 학교 1학년 학생은 74명이고, 2학년 학생은 1학년 학생보다 7명 더 많습니다. 하준이네 학교 2학년 학생은 몇 명일까요?

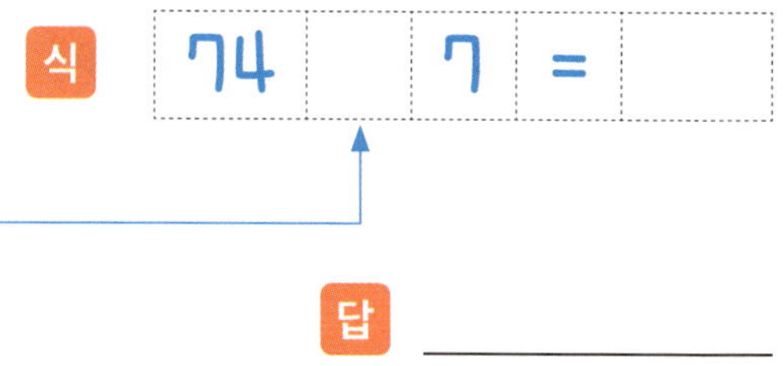


답 ____________

**2** 버스에 34명이 타고 있었는데 9명이 내렸습니다. 지금 버스에 타고 있는 사람은 몇 명일까요?

식

답 ____________

**3** 초콜릿을 현철이는 25개 가지고 있고, 누나는 현철이보다 6개 더 적게 가지고 있습니다. 누나가 가지고 있는 초콜릿은 몇 개일까요?

식

답 ____________

**4** 도서관에서 동화책 42권과 학습만화책 8권을 새로 샀습니다. 도서관에서 새로 산 책은 모두 몇 권일까요?

식

답 ____________

**5** 주차장에 자동차가 46대, 자전거가 7대 있습니다. 자동차와 자전거 중에서 어느 것이 몇 대 더 많이 있을까요?

식

답 ____________ , ____________

**1** 계산을 하세요.

(1)
$$\begin{array}{r} 8\ 2 \\ +\quad 9 \\ \hline \end{array}$$

(2)
$$\begin{array}{r} 2\ 7 \\ +\quad 6 \\ \hline \end{array}$$

(3)
$$\begin{array}{r} 1\ 9 \\ +\quad 5 \\ \hline \end{array}$$

(4)
$$\begin{array}{r} 5\ 6 \\ -\quad 9 \\ \hline \end{array}$$

(5)
$$\begin{array}{r} 9\ 0 \\ -\quad 3 \\ \hline \end{array}$$

(6)
$$\begin{array}{r} 6\ 2 \\ -\quad 8 \\ \hline \end{array}$$

(7)
$$\begin{array}{r} 3\ 8 \\ +\quad 4 \\ \hline \end{array}$$

(8)
$$\begin{array}{r} 7\ 1 \\ -\quad 6 \\ \hline \end{array}$$

(9)
$$\begin{array}{r} 4\ 3 \\ +\quad 7 \\ \hline \end{array}$$

**2** 계산을 하세요.

(1) $35+7=$

(2) $59+4=$

(3) $6+28=$

(4) $23-6=$

(5) $85-9=$

(6) $72-6=$

(7) $94-5=$

(8) $5+46=$

(9) $60-8=$

**3** □ 안에 알맞은 수를 써넣으세요.

(1)
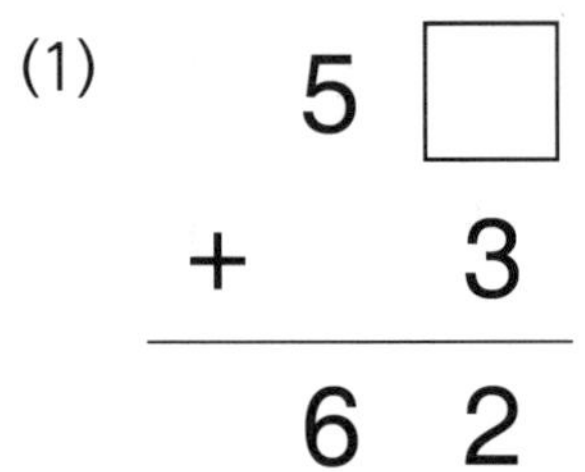

$$\begin{array}{r} 5\ \square \\ +\quad 3 \\ \hline 6\ 2 \end{array}$$

(2)
$$\begin{array}{r} 7\ \square \\ -\quad 7 \\ \hline 6\ 7 \end{array}$$

**4** □ 안에 알맞은 수를 써넣으세요.

(1)
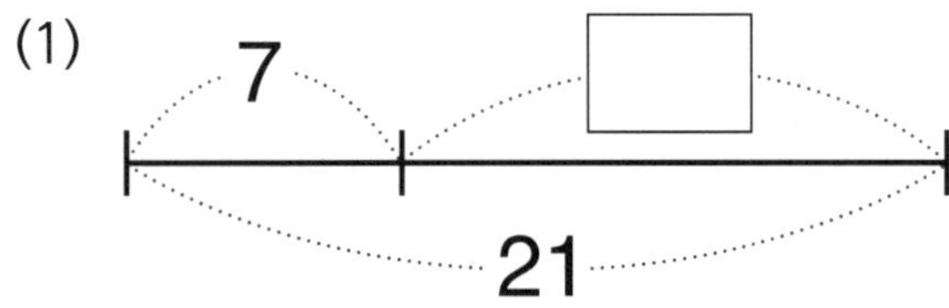


(2)
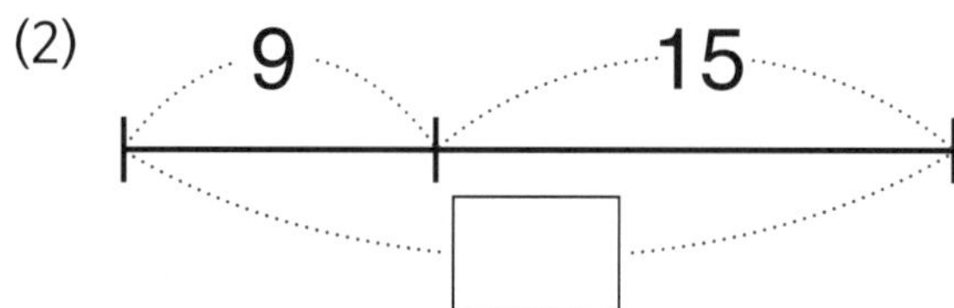


**5** 어느 빵집에서 빵을 어제는 62개 팔고, 오늘은 어제보다 9개 더 많이 팔았습니다.
이 빵집에서 오늘 판 빵은 몇 개일까요?

식 ____________________ 답 ____________________

**6** 주예는 쿠키를 40개 만들어서 4개를 먹었습니다.
주예에게 남은 쿠키는 몇 개일까요?

식 ____________________ 답 ____________________

# 04

# 덧셈과 뺄셈(2)

책상에 붙여 놓고 매일매일 기록해요.

| 학습 일차 | 학습 내용 | 날짜 | 맞은 개수 | |
|---|---|---|---|---|
| | | | 연산 | 응용 |
| DAY 27 | 덧셈 ①<br>(두 자리 수)+(두 자리 수) 세로셈 | / | /20 | /5 |
| DAY 28 | 덧셈 ②<br>(두 자리 수)+(두 자리 수) 세로셈 | / | /20 | /5 |
| DAY 29 | 덧셈 ③<br>(두 자리 수)+(두 자리 수) 가로셈 | / | /12 | /9 |
| DAY 30 | 뺄셈 ①<br>(두 자리 수)-(두 자리 수) 세로셈 | / | /20 | /5 |
| DAY 31 | 뺄셈 ②<br>(두 자리 수)-(두 자리 수) 세로셈 | / | /20 | /5 |
| DAY 32 | 뺄셈 ③<br>(두 자리 수)-(두 자리 수) 가로셈 | / | /12 | /9 |
| DAY 33 | 덧셈과 뺄셈 종합 ①<br>(두 자리 수)±(두 자리 수) 세로셈 | / | /20 | /8 |
| DAY 34 | 덧셈과 뺄셈 종합 ②<br>(두 자리 수)±(두 자리 수) 세로셈 | / | /20 | /5 |
| DAY 35 | 덧셈과 뺄셈 종합 ③<br>(두 자리 수)±(두 자리 수) 가로셈 | / | /12 | /4 |
| DAY 36 | 덧셈과 뺄셈 활용 ①<br>덧셈과 뺄셈의 관계 | / | /8 | /4 |
| DAY 37 | 덧셈과 뺄셈 활용 ②<br>덧셈식에서 □의 값 구하기 | / | /14 | /6 |
| DAY 38 | 덧셈과 뺄셈 활용 ③<br>뺄셈식에서 □의 값 구하기 | / | /14 | /5 |
| DAY 39 | 세 수의 계산 ①<br>세 수의 덧셈, 뺄셈 계산 순서 | / | /8 | /14 |
| DAY 40 | 세 수의 계산 ②<br>세 수의 덧셈과 뺄셈 | / | /10 | /5 |
| DAY 41 | 마무리 확인 | / | | /19 |

# 4. 덧셈과 뺄셈(2)

## (두 자리 수)+(두 자리 수)

❶ 같은 자리끼리 한 줄로!

|     | 십 | 일 |
| --- | --- | --- |
|     | 3 | 9 |
| +   | 8 | 6 |

❷ **일**의 자리 계산

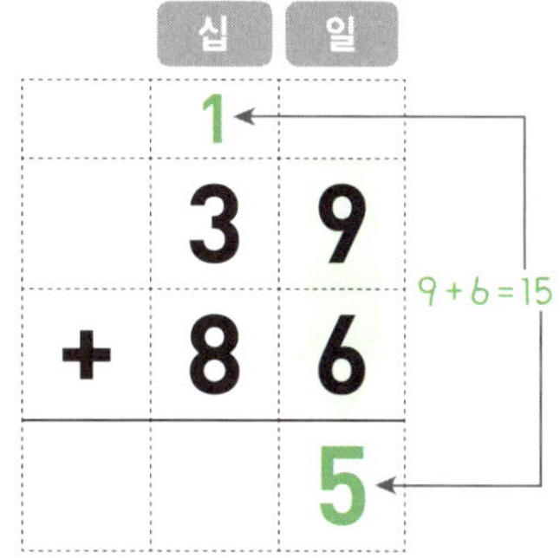

9+6=15

❸ **십**의 자리 계산

1+3+8=12

## (두 자리 수)-(두 자리 수)

❶ 같은 자리끼리!

|     | 십 | 일 |
| --- | --- | --- |
|     | 6 | 2 |
| -   | 4 | 9 |

❷ **일**의 자리 계산

2에서 9를 뺄 수 없으니
받아내림해요.

12-9=3

❸ **십**의 자리 계산

5-4=1

받아내림하고
남은 수에서 빼요.

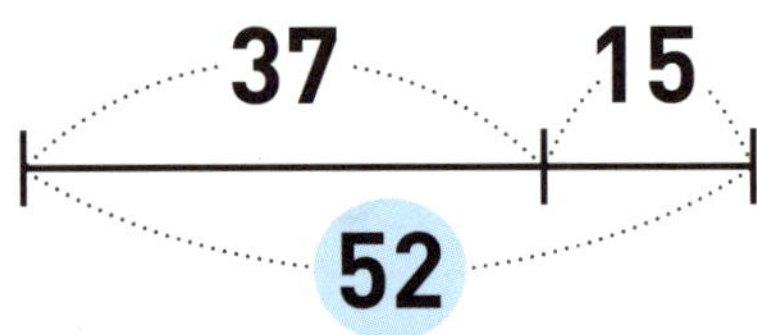


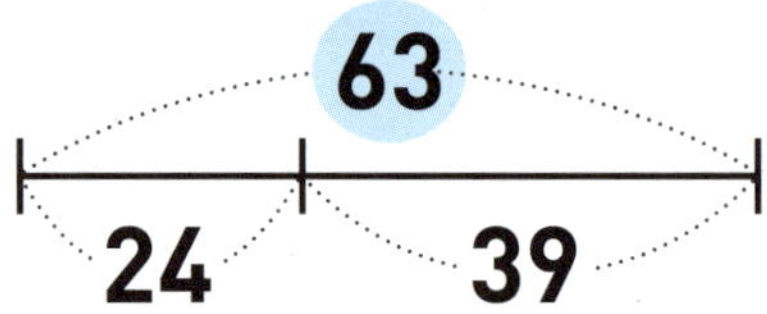


**덧셈식을 뺄셈식으로**

37    15
52

$$37 + 15 = 52$$

$$52 - 15 = 37$$
$$52 - 37 = 15$$

가장 큰 수에서 한 수를 빼면 다른 수가 돼요.

**뺄셈식을 덧셈식으로**

63
24    39

$$63 - 39 = 24$$

$$24 + 39 = 63$$
$$39 + 24 = 63$$

가장 큰 수는 다른 두 수의 합이에요.

---

## ▶ 세 수의 계산

세 수의 계산은 **앞에서부터** 두 수씩 차례로 계산합니다.

$$16 + 7 + 19 = 42$$
① 23
② 42

$$40 - 14 + 7 = 33$$
① 26
② 33

$$72 - 36 - 28 = 8$$
① 36
② 8

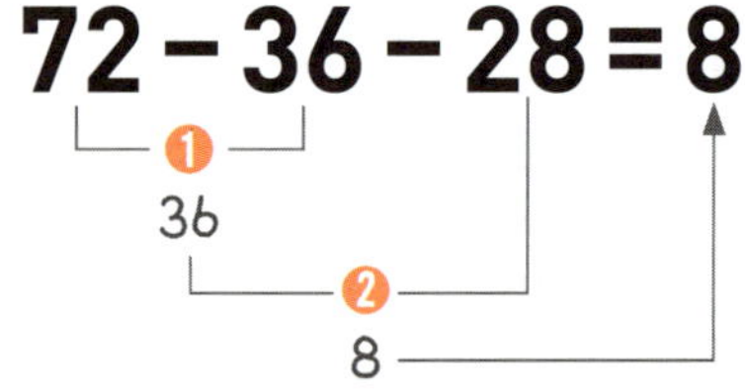


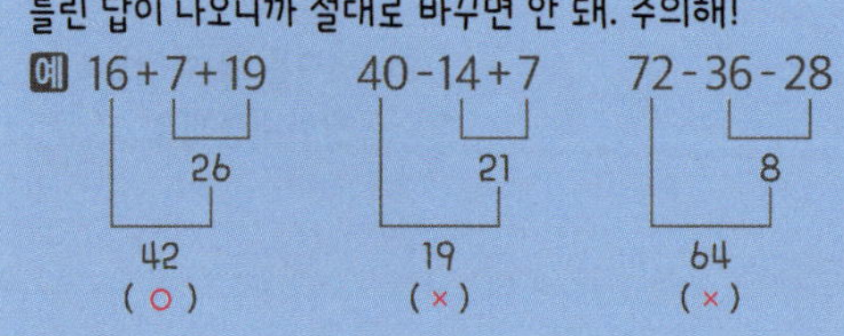

# 덧셈 ① (두 자리 수)+(두 자리 수) 세로셈

일의 자리에서
받아올림이 있는 경우

**1**

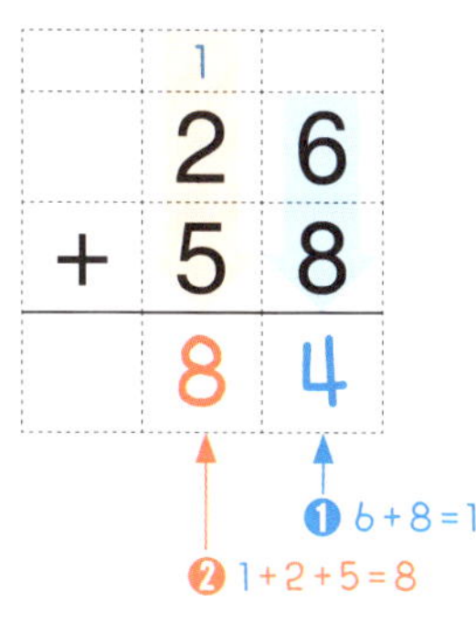

❶ 6+8=14
❷ 1+2+5=8

십의 자리에서
받아올림이 있는 경우

받아올림이
2번 있는 경우

**2**

$$\begin{array}{r} 1\ 7 \\ +\ 4\ 5 \\ \hline \end{array}$$

**3**

$$\begin{array}{r} 3\ 9 \\ +\ 3\ 9 \\ \hline \end{array}$$

**4**

$$\begin{array}{r} 6\ 3 \\ +\ 2\ 8 \\ \hline \end{array}$$

**5**

$$\begin{array}{r} 2\ 9 \\ +\ 2\ 7 \\ \hline \end{array}$$

**6**

$$\begin{array}{r} 5\ 3 \\ +\ 8\ 6 \\ \hline \end{array}$$

**7**

$$\begin{array}{r} 6\ 4 \\ +\ 6\ 3 \\ \hline \end{array}$$

**8**

$$\begin{array}{r} 2\ 7 \\ +\ 8\ 2 \\ \hline \end{array}$$

**9**

$$\begin{array}{r} 7\ 2 \\ +\ 9\ 0 \\ \hline \end{array}$$

**10**

$$\begin{array}{r} 9\ 8 \\ +\ 8\ 1 \\ \hline \end{array}$$

**11**

$$\begin{array}{r} 9\ 4 \\ +\ 4\ 9 \\ \hline \end{array}$$

**12**

$$\begin{array}{r} 4\ 6 \\ +\ 7\ 4 \\ \hline \end{array}$$

**13**

$$\begin{array}{r} 8\ 5 \\ +\ 7\ 8 \\ \hline \end{array}$$

**14**

$$\begin{array}{r} 6\ 6 \\ +\ 5\ 5 \\ \hline \end{array}$$

**15**

$$\begin{array}{r} 5\ 9 \\ +\ 4\ 6 \\ \hline \end{array}$$

**16**

$$\begin{array}{r} 4\ 8 \\ +\ 4\ 8 \\ \hline \end{array}$$

**17**

$$\begin{array}{r} 3\ 4 \\ +\ 9\ 2 \\ \hline \end{array}$$

**18**

$$\begin{array}{r} 6\ 0 \\ +\ 7\ 0 \\ \hline \end{array}$$

**19**

$$\begin{array}{r} 5\ 3 \\ +\ 5\ 9 \\ \hline \end{array}$$

**20**

$$\begin{array}{r} 8\ 7 \\ +\ 8\ 7 \\ \hline \end{array}$$

1 두 수 37과 57의 합을 구하세요.

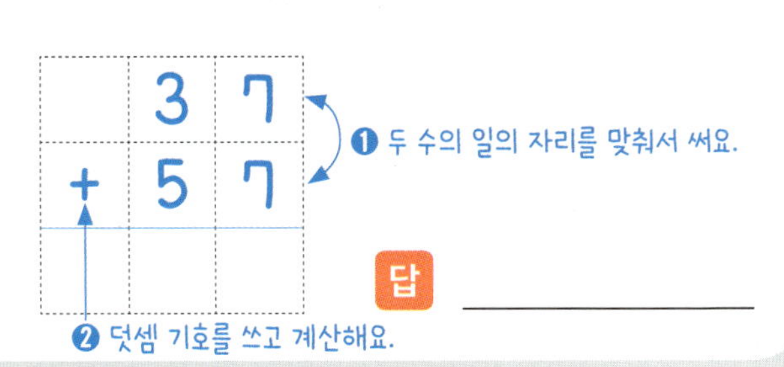


2 두 수 82와 75의 합을 구하세요.

3 딸기를 슬기는 48개 땄고, 다예는 36개 땄습니다. 두 사람이 딴 딸기는 모두 몇 개일까요?

4 지우는 사탕 35개와 초콜릿 95개를 샀습니다. 지우가 산 사탕과 초콜릿은 모두 몇 개일까요?

5 채은이의 몸무게는 29 kg이고, 채은이네 강아지의 무게는 12 kg입니다. 채은이가 강아지를 안고 무게를 재면 몇 kg이 될까요?

'kg'은 무게의 단위로 '킬로그램'이라고 읽어요.

# 덧셈 ② (두 자리 수)+(두 자리 수) 세로셈

**1**

$$\begin{array}{r} 8\ 5 \\ +\ 2\ 8 \\ \hline 1\ 1\ 3 \end{array}$$

**2**

$$\begin{array}{r} 4\ 4 \\ +\ 4\ 7 \\ \hline \end{array}$$

**3**

$$\begin{array}{r} 1\ 6 \\ +\ 5\ 3 \\ \hline \end{array}$$

**4**

$$\begin{array}{r} 7\ 5 \\ +\ 2\ 5 \\ \hline \end{array}$$

**5**

$$\begin{array}{r} 8\ 2 \\ +\ 8\ 4 \\ \hline \end{array}$$

**6**

$$\begin{array}{r} 6\ 7 \\ +\ 5\ 8 \\ \hline \end{array}$$

**7**

$$\begin{array}{r} 9\ 2 \\ +\ 9\ 5 \\ \hline \end{array}$$

**8**

$$\begin{array}{r} 4\ 8 \\ +\ 6\ 6 \\ \hline \end{array}$$

**9**

$$\begin{array}{r} 2\ 7 \\ +\ 1\ 9 \\ \hline \end{array}$$

**10**

$$\begin{array}{r} 3\ 9 \\ +\ 2\ 9 \\ \hline \end{array}$$

**11**

$$\begin{array}{r} 7\ 1 \\ +\ 4\ 0 \\ \hline \end{array}$$

**12**

$$\begin{array}{r} 5\ 6 \\ +\ 2\ 5 \\ \hline \end{array}$$

**13**

$$\begin{array}{r} 9\ 4 \\ +\ 2\ 9 \\ \hline \end{array}$$

**14**

$$\begin{array}{r} 1\ 8 \\ +\ 1\ 4 \\ \hline \end{array}$$

**15**

$$\begin{array}{r} 8\ 3 \\ +\ 3\ 7 \\ \hline \end{array}$$

**16**

$$\begin{array}{r} 9\ 6 \\ +\ 6\ 9 \\ \hline \end{array}$$

**17**

$$\begin{array}{r} 3\ 7 \\ +\ 7\ 1 \\ \hline \end{array}$$

**18**

$$\begin{array}{r} 2\ 7 \\ +\ 2\ 6 \\ \hline \end{array}$$

**19**

$$\begin{array}{r} 3\ 3 \\ +\ 4\ 8 \\ \hline \end{array}$$

**20**

$$\begin{array}{r} 5\ 9 \\ +\ 7\ 4 \\ \hline \end{array}$$

# 응용 UP 덧셈②

**1** 48보다 24 더 큰 수를 구하세요.

답 ___________

**2** 96보다 77 더 큰 수를 구하세요.

답 ___________

**3** 윤후는 칭찬 붙임딱지를 75장 모았고, 은서는 윤후보다 17장 더 많이 모았습니다. 은서가 모은 칭찬 붙임딱지는 몇 장일까요?

답 ___________

**4** 연못에 잉어가 59마리 있었습니다. 연못에 잉어 22마리를 더 넣었다면 연못에 있는 잉어는 모두 몇 마리일까요?

답 ___________

**5** 연준이네 엄마는 38살이고, 이모는 엄마보다 12살 더 많습니다. 이모는 몇 살일까요?

답 ___________

# 덧셈 ③ (두 자리 수)+(두 자리 수) 가로셈

연산 up

1. $67 + 18 = 85$

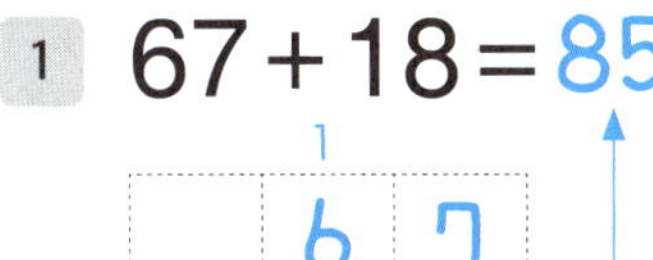

5. $54 + 47 =$

9. $64 + 76 =$

2. $42 + 90 =$

6. $35 + 25 =$

10. $82 + 59 =$

3. $55 + 16 =$

7. $48 + 49 =$

11. $38 + 88 =$

4. $84 + 73 =$

8. $26 + 96 =$

12. $47 + 27 =$

80 _ 기적의 계산법 응용UP · 3권

□ 안에 알맞은 수를 써넣어 덧셈식을 완성하세요.

**1**

$$\begin{array}{r} 5\ \boxed{7} \\ +\ 1\ 5 \\ \hline 7\ 2 \end{array}$$

일의 자리에서 받아올림이 있다는 것을 기억해!

□ + 5 = 12
5에 몇을 더해야 12가 될까?

**2**

$$\begin{array}{r} 2\ 8 \\ +\ 6\ \boxed{\ } \\ \hline \boxed{\ }\ 1 \end{array}$$

**3**

$$\begin{array}{r} 9\ \boxed{\ } \\ +\ \boxed{\ }\ 1 \\ \hline 1\ 5\ 5 \end{array}$$

**4**

$$\begin{array}{r} \boxed{\ }\ 4 \\ +\ 7\ \boxed{\ } \\ \hline 1\ 2\ 0 \end{array}$$

**5**

$$\begin{array}{r} \boxed{\ }\ 3 \\ +\ 6\ 9 \\ \hline 1\ 4\ \boxed{\ } \end{array}$$

**6**

$$\begin{array}{r} 5\ 2 \\ +\ \boxed{\ }\ \boxed{\ } \\ \hline 1\ 3\ 8 \end{array}$$

**7**

$$\begin{array}{r} 3\ \boxed{\ } \\ +\ \boxed{\ }\ 5 \\ \hline 5\ 4 \end{array}$$

**8**

$$\begin{array}{r} \boxed{\ }\ 7 \\ +\ 2\ \boxed{\ } \\ \hline 7\ 5 \end{array}$$

**9**

$$\begin{array}{r} \boxed{\ }\ \boxed{\ } \\ +\ 4\ 6 \\ \hline 1\ 4\ 1 \end{array}$$

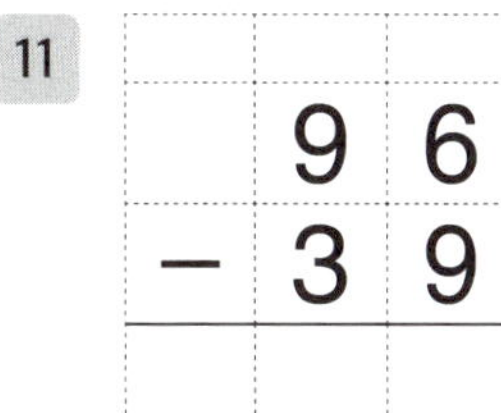


❶ 십의 자리에서 10을 받아내림해요.

**1**

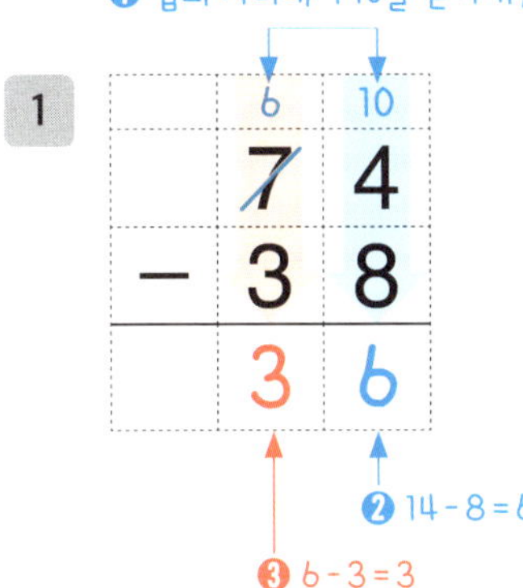


**2**

$$\begin{array}{r} 6\ 3 \\ -\ 1\ 9 \\ \hline \end{array}$$

**3**

$$\begin{array}{r} 5\ 7 \\ -\ 3\ 6 \\ \hline \end{array}$$

**4**

$$\begin{array}{r} 9\ 0 \\ -\ 6\ 4 \\ \hline \end{array}$$

**5**

$$\begin{array}{r} 4\ 6 \\ -\ 2\ 8 \\ \hline \end{array}$$

**6**

$$\begin{array}{r} 8\ 1 \\ -\ 4\ 5 \\ \hline \end{array}$$

**7**

$$\begin{array}{r} 7\ 2 \\ -\ 3\ 3 \\ \hline \end{array}$$

**8**

$$\begin{array}{r} 4\ 8 \\ -\ 3\ 9 \\ \hline \end{array}$$

**9**

$$\begin{array}{r} 8\ 5 \\ -\ 2\ 5 \\ \hline \end{array}$$

**10**

$$\begin{array}{r} 5\ 3 \\ -\ 3\ 7 \\ \hline \end{array}$$

**11**

$$\begin{array}{r} 9\ 6 \\ -\ 3\ 9 \\ \hline \end{array}$$

**12**

$$\begin{array}{r} 8\ 0 \\ -\ 2\ 8 \\ \hline \end{array}$$

**13**

$$\begin{array}{r} 6\ 1 \\ -\ 4\ 3 \\ \hline \end{array}$$

**14**

$$\begin{array}{r} 7\ 4 \\ -\ 1\ 5 \\ \hline \end{array}$$

**15**

$$\begin{array}{r} 9\ 4 \\ -\ 2\ 7 \\ \hline \end{array}$$

**16**

$$\begin{array}{r} 7\ 0 \\ -\ 6\ 6 \\ \hline \end{array}$$

**17**

$$\begin{array}{r} 5\ 5 \\ -\ 1\ 6 \\ \hline \end{array}$$

**18**

$$\begin{array}{r} 3\ 4 \\ -\ 1\ 9 \\ \hline \end{array}$$

**19**

$$\begin{array}{r} 6\ 7 \\ -\ 3\ 9 \\ \hline \end{array}$$

**20**

$$\begin{array}{r} 8\ 2 \\ -\ 6\ 5 \\ \hline \end{array}$$

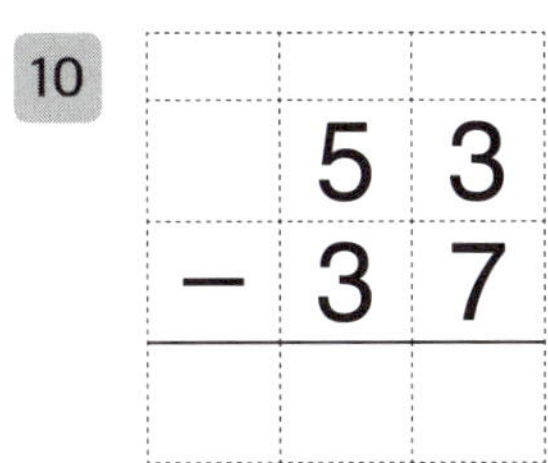

**1** 두 수 91과 39의 차를 구하세요.

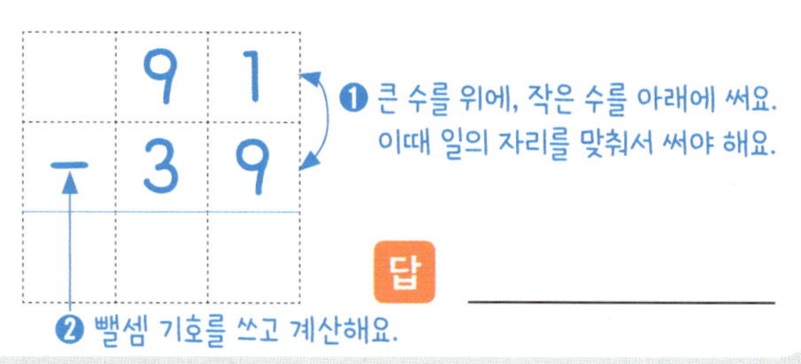


**2** 두 수 27과 83의 차를 구하세요.

**3** 붕어빵 50개 중에서 17개를 팔았습니다. 남은 붕어빵은 몇 개일까요?

**4** 선생님께서 학생 34명에게 공책을 한 권씩 나누어 주려고 합니다. 공책이 19권 있다면 공책은 적어도 몇 권 더 필요할까요?

**5** 한 달 동안 현호는 책을 44권 읽었고, 태희는 62권 읽었습니다. 현호와 태희 중에서 누가 책을 몇 권 더 많이 읽었을까요?

받아내림에 주의해서
일의 자리부터 계산해!

**1**
```
   7 10
   8 2
 - 1 5
 ─────
   6 7
```

**2**
```
   5 0
 - 1 1
 ─────
```

**3**
```
   6 7
 - 2 9
 ─────
```

**4**
```
   4 3
 - 1 8
 ─────
```

**5**
```
   7 4
 - 2 3
 ─────
```

**6**
```
   4 1
 - 1 7
 ─────
```

**7**
```
   7 4
 - 2 9
 ─────
```

**8**
```
   5 1
 - 4 8
 ─────
```

**9**
```
   9 6
 - 3 7
 ─────
```

**10**
```
   6 5
 - 2 6
 ─────
```

**11**
```
   3 0
 - 1 2
 ─────
```

**12**
```
   6 2
 - 3 2
 ─────
```

**13**
```
   9 3
 - 1 5
 ─────
```

**14**
```
   8 8
 - 6 9
 ─────
```

**15**
```
   5 6
 - 3 9
 ─────
```

**16**
```
   9 5
 - 6 9
 ─────
```

**17**
```
   8 4
 - 5 5
 ─────
```

**18**
```
   7 1
 - 5 4
 ─────
```

**19**
```
   6 2
 - 4 7
 ─────
```

**20**
```
   3 7
 - 2 8
 ─────
```

**1** 74보다 25 더 작은 수를 구하세요.

답 ___________

**2** 90보다 64 더 작은 수를 구하세요.

답 ___________

**3** 동물원에 원숭이가 47마리 있습니다. 사자는 원숭이보다 29마리 더 적습니다. 동물원에 있는 사자는 몇 마리일까요?

답 ___________

**4** 할아버지는 72살이고, 아빠는 할아버지보다 33살 더 적습니다. 아빠는 몇 살일까요?

답 ___________

**5** 민규가 수학 숙제를 하는 데 31분이 걸렸습니다. 민규는 재호보다 14분 더 많이 걸렸다면 재호가 수학 숙제를 하는 데 걸린 시간은 몇 분일까요?

답 ___________

1  $67 - 18 = 49$

$$
\begin{array}{r}
6\,7 \\
-\;1\,8 \\
\hline
4\,9
\end{array}
$$

5  $90 - 58 =$

9  $85 - 37 =$

2  $40 - 21 =$

6  $51 - 13 =$

10  $73 - 47 =$

3  $82 - 28 =$

7  $74 - 59 =$

11  $93 - 84 =$

4  $54 - 19 =$

8  $33 - 16 =$

12  $66 - 29 =$

□ 안에 알맞은 수를 써넣어 뺄셈식을 완성하세요.

**1**

$$
\begin{array}{r}
5\ \ 3 \\
-\ 1\ \ 6 \\
\hline
3\ \ 7
\end{array}
$$

1□-6=7
6을 빼면 7이 되는 수는?

**2**

$$
\begin{array}{r}
6\ \ \square \\
-\ 2\ \ 9 \\
\hline
3\ \ 2
\end{array}
$$

**3**

$$
\begin{array}{r}
\square\ \ 4 \\
-\ 5\ \ \square \\
\hline
1\ \ 6
\end{array}
$$

**4**

$$
\begin{array}{r}
8\ \ \square \\
-\ \square\ \ 0 \\
\hline
3\ \ 2
\end{array}
$$

**5**

$$
\begin{array}{r}
\square\ \ \square \\
-\ 6\ \ 7 \\
\hline
2\ \ 3
\end{array}
$$

**6**

$$
\begin{array}{r}
9\ \ 1 \\
-\ \square\ \ 6 \\
\hline
5\ \ \square
\end{array}
$$

**7**

$$
\begin{array}{r}
\square\ \ 5 \\
-\ 1\ \ \square \\
\hline
4\ \ 9
\end{array}
$$

**8**

$$
\begin{array}{r}
4\ \ 2 \\
-\ \square\ \ \square \\
\hline
1\ \ 4
\end{array}
$$

**9**

$$
\begin{array}{r}
8\ \ \square \\
-\ \square\ \ 5 \\
\hline
1\ \ 2
\end{array}
$$

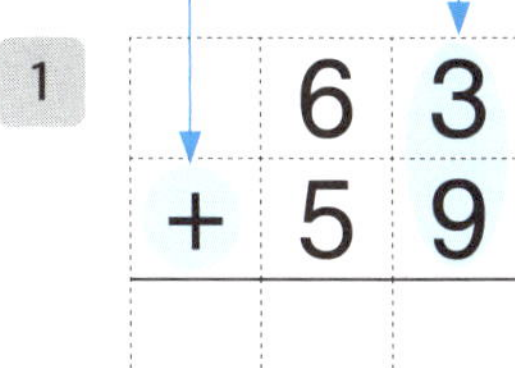


1.
```
    6 3
+   5 9
```

2.
```
    6 2
−   1 5
```

3.
```
    5 6
+   1 9
```

4.
```
    3 0
−   1 3
```

5.
```
    8 2
+   8 9
```

6.
```
    8 1
−   4 2
```

7.
```
    7 3
+   6 4
```

8.
```
    5 7
−   2 8
```

9.
```
    4 7
+   4 7
```

10.
```
    9 6
−   6 8
```

11.
```
    3 8
+   9 2
```

12.
```
    4 3
−   3 8
```

13.
```
    9 7
+   9 8
```

14.
```
    7 8
−   1 9
```

15.
```
    5 9
+   5 4
```

16.
```
    9 5
−   3 7
```

17.
```
    4 6
+   6 8
```

18.
```
    8 1
−   4 1
```

19.
```
    6 2
+   4 6
```

20.
```
    6 6
−   4 9
```

계산이 맞았으면 ○표 하고, 틀렸으면 ∨표 하세요. 틀린 문제는 바른 답으로 고쳐 주세요.

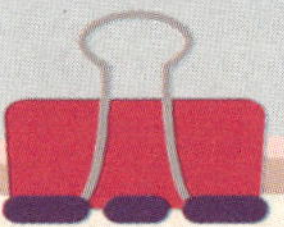

**1**
$$\begin{array}{r} 6\,3 \\ +\,2\,9 \\ \hline 8\,2 \quad 92 \end{array}$$

**2**
$$\begin{array}{r} 3\,4 \\ +\,8\,5 \\ \hline 1\,2\,9 \end{array}$$

**3**
$$\begin{array}{r} 9\,3 \\ +\,3\,9 \\ \hline 1\,2\,2 \end{array}$$

**4**  $53+17=547$

**5**
$$\begin{array}{r} 7\,0 \\ -\,2\,8 \\ \hline 5\,8 \end{array}$$

**6**
$$\begin{array}{r} 5\,1 \\ -\,1\,4 \\ \hline 4\,3 \end{array}$$

**7**
$$\begin{array}{r} 8\,4 \\ -\,2\,6 \\ \hline 6\,8 \end{array}$$

**8**  $95-46=916$

1.
$$\begin{array}{r} 7\ 2 \\ -\ 5\ 3 \\ \hline \end{array}$$

2.
$$\begin{array}{r} 1\ 7 \\ +\ 3\ 7 \\ \hline \end{array}$$

3.
$$\begin{array}{r} 6\ 8 \\ +\ 5\ 8 \\ \hline \end{array}$$

4.
$$\begin{array}{r} 4\ 5 \\ -\ 1\ 6 \\ \hline \end{array}$$

5.
$$\begin{array}{r} 9\ 1 \\ -\ 5\ 3 \\ \hline \end{array}$$

6.
$$\begin{array}{r} 4\ 9 \\ +\ 5\ 6 \\ \hline \end{array}$$

7.
$$\begin{array}{r} 5\ 1 \\ -\ 3\ 9 \\ \hline \end{array}$$

8.
$$\begin{array}{r} 8\ 5 \\ +\ 7\ 5 \\ \hline \end{array}$$

9.
$$\begin{array}{r} 7\ 3 \\ -\ 3\ 8 \\ \hline \end{array}$$

10.
$$\begin{array}{r} 8\ 4 \\ -\ 2\ 7 \\ \hline \end{array}$$

11.
$$\begin{array}{r} 6\ 2 \\ -\ 3\ 6 \\ \hline \end{array}$$

12.
$$\begin{array}{r} 4\ 9 \\ +\ 6\ 7 \\ \hline \end{array}$$

13.
$$\begin{array}{r} 8\ 6 \\ -\ 1\ 8 \\ \hline \end{array}$$

14.
$$\begin{array}{r} 5\ 7 \\ +\ 9\ 4 \\ \hline \end{array}$$

15.
$$\begin{array}{r} 2\ 4 \\ +\ 8\ 4 \\ \hline \end{array}$$

16.
$$\begin{array}{r} 7\ 4 \\ +\ 1\ 8 \\ \hline \end{array}$$

17.
$$\begin{array}{r} 8\ 2 \\ -\ 1\ 7 \\ \hline \end{array}$$

18.
$$\begin{array}{r} 9\ 3 \\ -\ 2\ 6 \\ \hline \end{array}$$

19.
$$\begin{array}{r} 9\ 5 \\ +\ 9\ 9 \\ \hline \end{array}$$

20.
$$\begin{array}{r} 3\ 7 \\ -\ 1\ 9 \\ \hline \end{array}$$

**1** 가게에서 사과를 어제는 **93**개, 오늘은 **78**개 팔았습니다. 어제와 오늘 판 사과는 모두 몇 개일까요?

식 $93 + 78 =$

답 ___________

**2** 파란색 색종이가 **39**장, 빨간색 색종이가 **47**장 있습니다. 빨간색 색종이는 파란색 색종이보다 몇 장 더 많이 있을까요?

식

답 ___________

**3** 줄넘기를 주영이는 **59**번 넘었고, 지섭이는 주영이보다 **12**번 더 많이 넘었습니다. 지섭이는 줄넘기를 몇 번 넘었을까요?

식

답 ___________

**4** 준현이네 학교 **2**학년 학생은 **89**명이고, 소희네 학교 **2**학년 학생은 **74**명입니다. 두 학교의 **2**학년 학생은 모두 몇 명일까요?

식

답 ___________

**5** 재석이네 집에는 동화책이 **60**권 있습니다. 학습 만화책이 동화책보다 **28**권 더 적게 있다면 학습 만화책은 몇 권 있을까요?

식

답 ___________

1    $51 - 26 =$ 

2    $46 + 95 =$ 

3    $67 + 78 =$ 

4    $82 - 53 =$ 

5    $34 + 66 =$ 

6    $74 - 28 =$ 

7    $53 + 76 =$ 

8    $93 - 35 =$ 

9    $65 - 17 =$ 

10    $98 + 94 =$ 

11    $57 - 47 =$ 

12    $25 + 59 =$ 

## | 두 번 계산하는 문장제 |

**1** 효기는 동화책을 어제는 57쪽 읽었고, 오늘은 어제보다 24쪽 더 많이 읽었습니다. 효기가 어제와 오늘 읽은 동화책은 모두 몇 쪽일까요?

① 오늘: 57 + 24 = __________ (쪽)

② 어제와 오늘: 57 + 81 = __________ (쪽)

답 __________

**2** 은수네 학교 2학년 남학생은 96명이고, 여학생은 남학생보다 17명 더 적습니다. 은수네 학교 2학년 학생은 모두 몇 명일까요?

답 __________

**3** 줄넘기를 지훈이는 67번 넘었고, 해준이는 지훈이보다 25번 더 많이 넘었습니다. 석호는 해준이보다 13번 더 적게 넘었다면 석호는 줄넘기를 몇 번 넘었을까요?

답 __________

**4** 윤성이는 초콜릿 51개 중에서 18개를 먹었습니다. 예빈이는 초콜릿을 42개 가지고 있습니다. 윤성이와 예빈이 중 누가 초콜릿을 몇 개 더 많이 가지고 있을까요?

답 __________ , __________

덧셈식은 뺄셈식으로, 뺄셈식은 덧셈식으로 나타내세요.

**1** $25 + 19 = 44$ 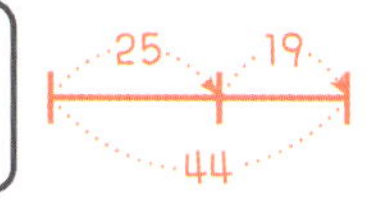

$44 - \boxed{19} = \boxed{25}$

$44 - \boxed{25} = \boxed{19}$

**5** $60 - 26 = 34$ 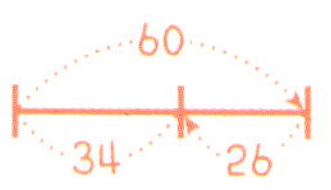

$\boxed{\phantom{0}} + \boxed{\phantom{0}} = 60$

$\boxed{\phantom{0}} + \boxed{\phantom{0}} = 60$

**2** $15 + 36 = 51$

$51 - \boxed{\phantom{0}} = \boxed{\phantom{0}}$

$51 - \boxed{\phantom{0}} = \boxed{\phantom{0}}$

**6** $84 - 47 = 37$

$\boxed{\phantom{0}} + \boxed{\phantom{0}} = 84$

$\boxed{\phantom{0}} + \boxed{\phantom{0}} = 84$

**3** $53 + 17 = 70$

$\boxed{\phantom{0}} - \boxed{\phantom{0}} = \boxed{\phantom{0}}$

$\boxed{\phantom{0}} - \boxed{\phantom{0}} = \boxed{\phantom{0}}$

**7** $91 - 23 = 68$

$\boxed{\phantom{0}} + \boxed{\phantom{0}} = \boxed{\phantom{0}}$

$\boxed{\phantom{0}} + \boxed{\phantom{0}} = \boxed{\phantom{0}}$

**4** $44 + 49 = 93$

$\boxed{\phantom{0}} - \boxed{\phantom{0}} = \boxed{\phantom{0}}$

$\boxed{\phantom{0}} - \boxed{\phantom{0}} = \boxed{\phantom{0}}$

**8** $72 - 65 = 7$

$\boxed{\phantom{0}} + \boxed{\phantom{0}} = \boxed{\phantom{0}}$

$\boxed{\phantom{0}} + \boxed{\phantom{0}} = \boxed{\phantom{0}}$

지붕 위의 세 수를 이용하여 덧셈식과 뺄셈식을 각각 **2**개씩 만드세요.

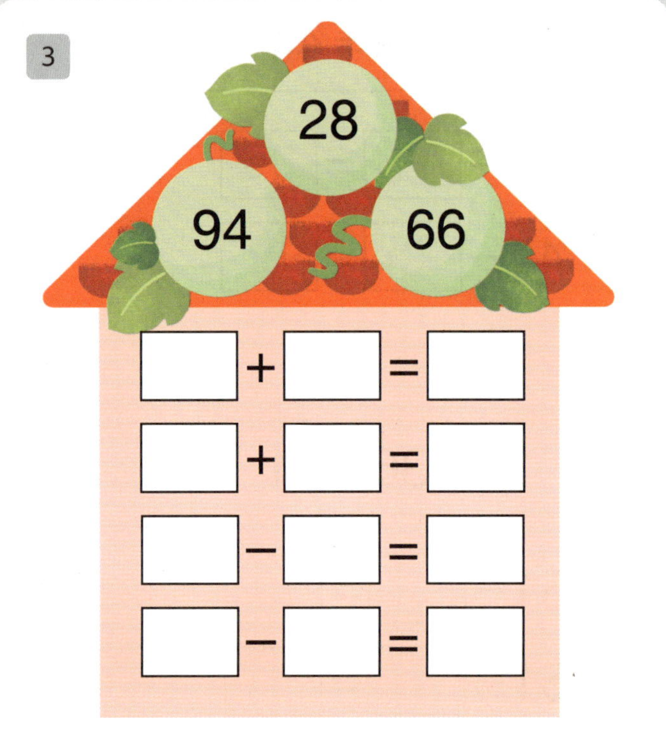

1  | 36 | $+14=50$   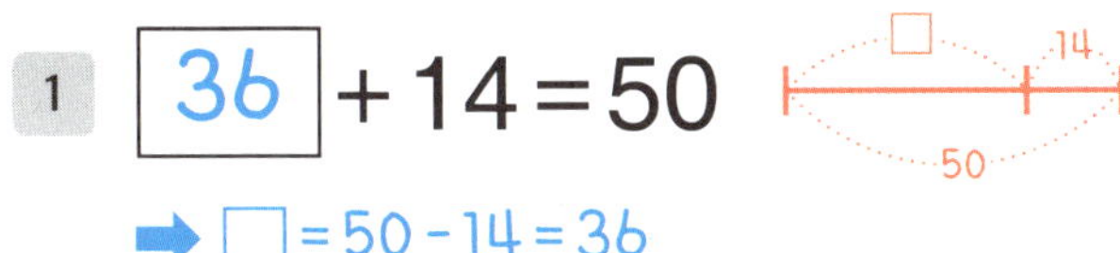
➡ □ $=50-14=36$

2  □ $+42=87$

3  □ $+87=93$

4  □ $+26=64$

5  □ $+8=85$

6  □ $+19=36$

7  □ $+45=90$

8  $56+$ □ $=99$

9  $4+$ □ $=42$

10  $35+$ □ $=91$

11  $23+$ □ $=32$

12  $48+$ □ $=83$

13  $11+$ □ $=80$

14  $38+$ □ $=75$

# 응용 UP 덧셈과 뺄셈 활용 ②

주머니에 적힌 수만큼 초콜릿이 들어 있습니다. 저울 양쪽에 놓인 초콜릿의 수가 같다면 노란색 주머니에는 초콜릿이 몇 개 들어 있을까요? 알맞은 수를 써넣으세요.

**1**

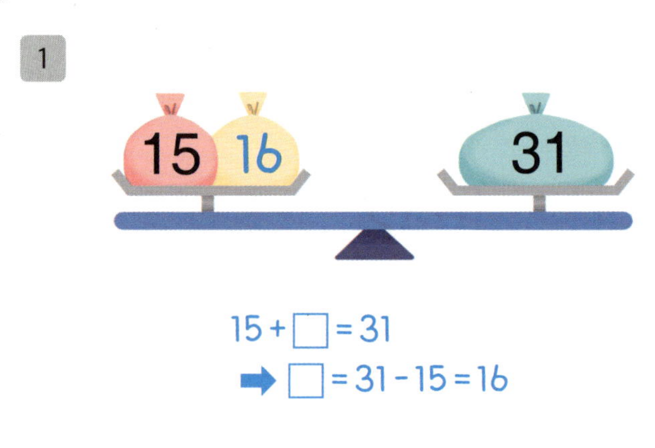


$15 + \boxed{\phantom{0}} = 31$

➡ $\boxed{\phantom{0}} = 31 - 15 = 16$

**4**

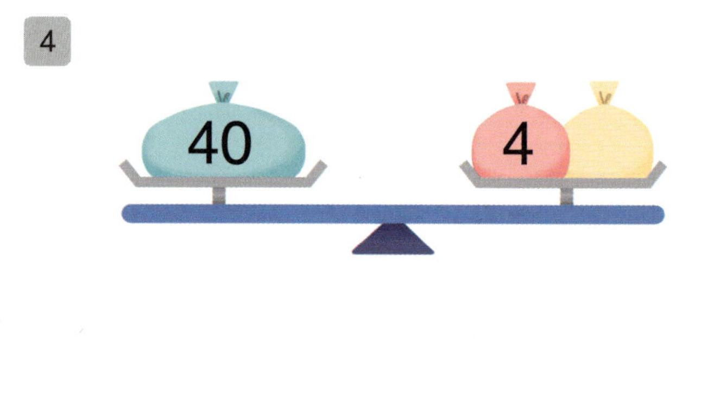


**2**

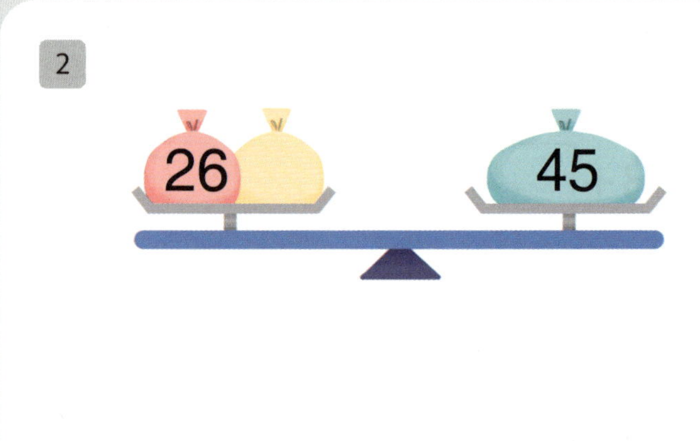


**5**

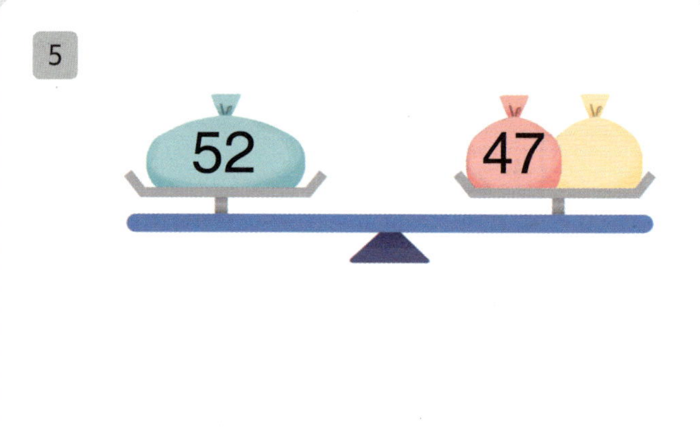


**3**

**6**

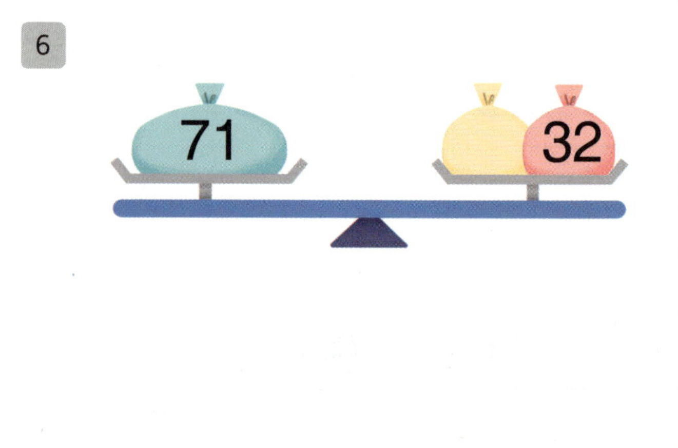

# 덧셈과 뺄셈 활용 ③
빨셈식에서 □의 값 구하기

1.  $\boxed{90} - 63 = 27$ 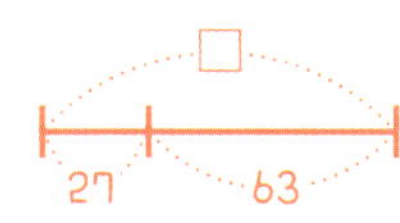
    ➡ $\square = 27 + 63 = 90$

8.  $63 - \square = 27$ 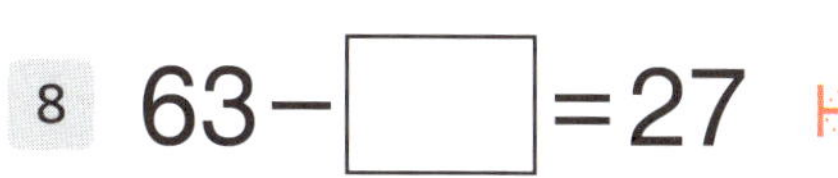
    ➡ $\square = 63 - 27 = \underline{\phantom{00}}$

2.  $\square - 48 = 23$

9.  $70 - \square = 13$

3.  $\square - 9 = 45$

10.  $91 - \square = 72$

4.  $\square - 13 = 79$

11.  $52 - \square = 18$

5.  $\square - 36 = 57$

12.  $64 - \square = 5$

6.  $\square - 76 = 12$

13.  $85 - \square = 59$

7.  $\square - 44 = 38$

14.  $36 - \square = 28$

1 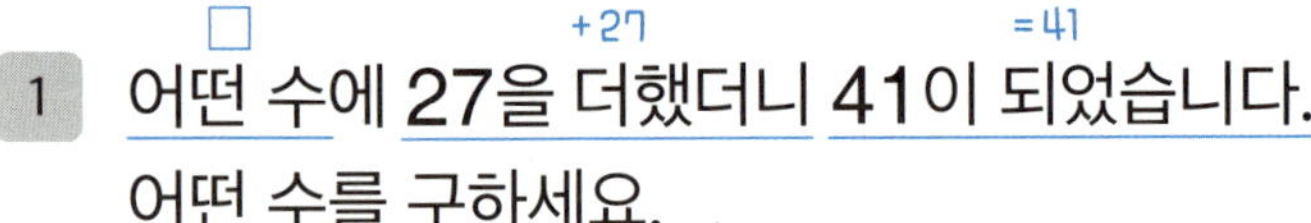 어떤 수에 **27**을 더했더니 **41**이 되었습니다. 어떤 수를 구하세요.

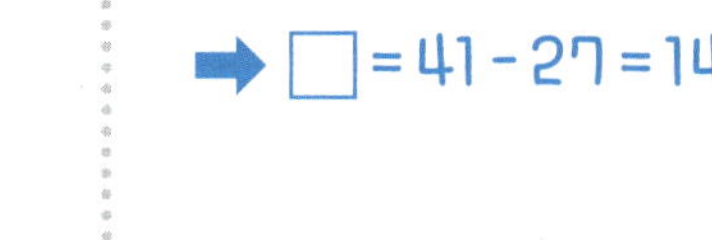

$\square + 27 = 41$

➡ $\square = 41 - 27 = 14$



답 ____________

2 어떤 수에서 **19**를 뺐더니 **19**가 되었습니다. 어떤 수를 구하세요.

답 ____________

3 어항에 열대어 **7**마리를 넣었더니 모두 **20**마리가 되었습니다. 처음 어항에 들어 있던 열대어는 몇 마리였을까요?

답 ____________

4 고구마가 **35**개 있었습니다. 그중에서 몇 개를 먹었더니 **28**개가 남았습니다. 먹은 고구마는 몇 개일까요?

답 ____________

5 초콜릿 한 봉지를 사서 **26**개를 먹었습니다. 초콜릿이 **17**개 남았다면 한 봉지에 초콜릿이 몇 개 들어 있었을까요?

답 ____________

# 세 수의 계산 ①
세 수의 덧셈, 뺄셈 계산 순서



**1** $12+17+9=$ ☐

❶ 29

❷ 29+9 = 38

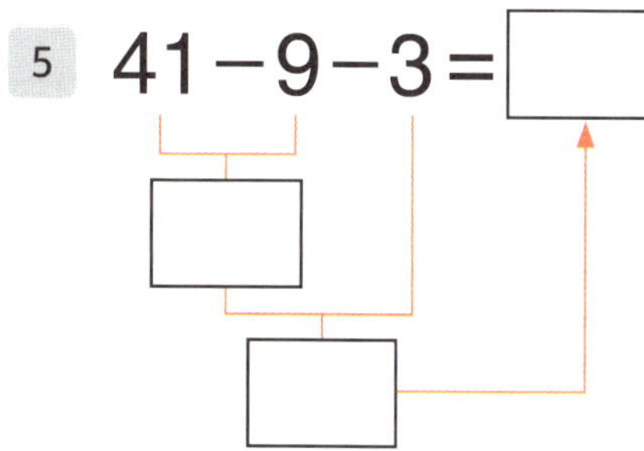


**5** $41-9-3=$ ☐

**2** $25+8+67=$ ☐

**6** $83-17-17=$ ☐

**3** $75+16-14=$ ☐

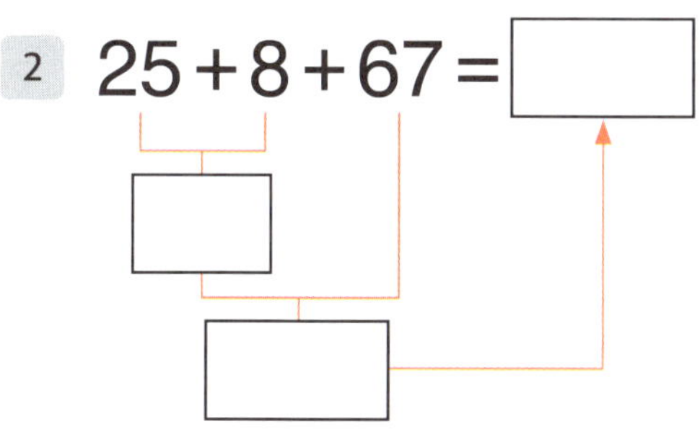

**7** $52-25+98=$ ☐

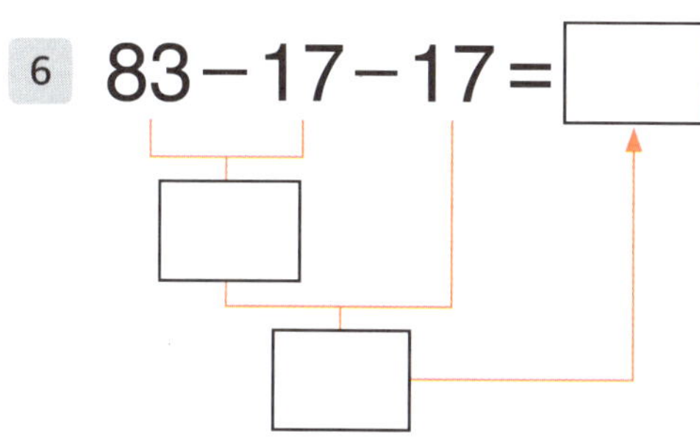

**4** $64+29-35=$ ☐

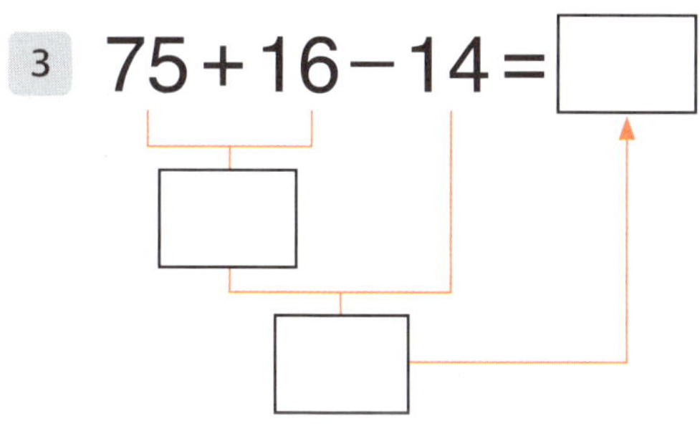

**8** $96-8+44=$ ☐

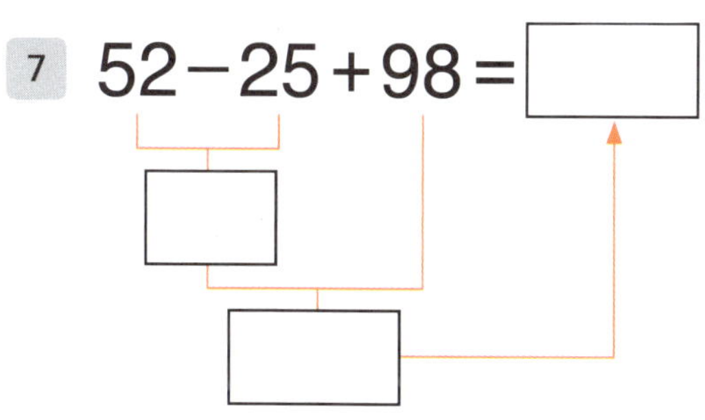

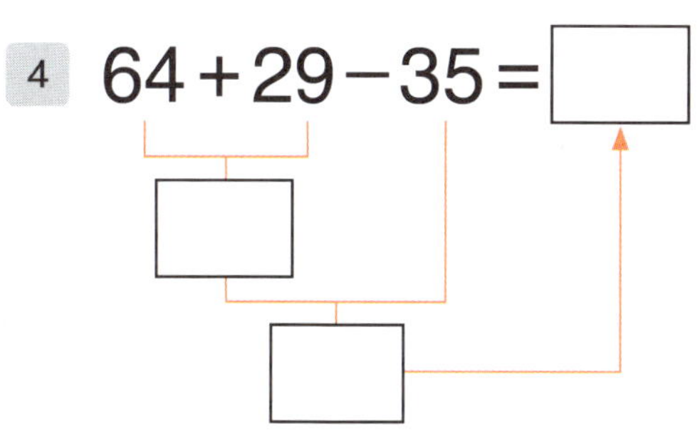

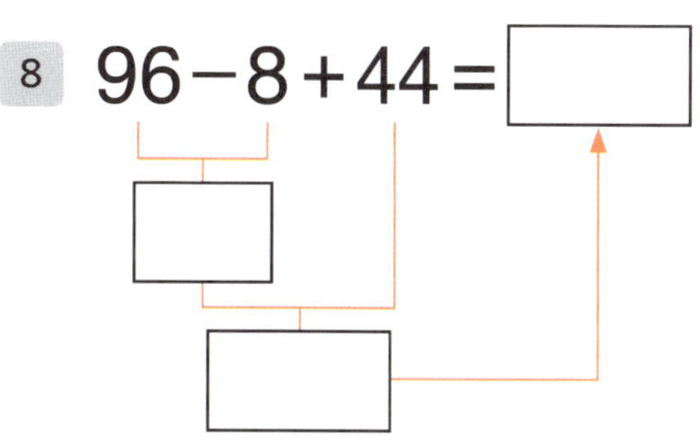

덧셈과 뺄셈을 도착할 때까지 순서대로 계속 계산하여 빈 곳에 답을 쓰세요.

1  $46 - 4 + 77 = 119$



6  $8 + 54 - 13 =$

2  $18 + 28 + 35 =$

7  $63 - 37 + 9 =$

3  $90 - 19 - 12 =$

8  $75 + 15 - 3 =$

4  $36 + 6 - 24 =$

9  $84 + 7 + 49 =$

5  $54 - 15 - 15 =$

10  $41 - 36 + 88 =$

**1** 서하는 파란색 색종이 **25**장, 노란색 색종이 **28**장, 빨간색 색종이 **29**장을 가지고 있습니다. 서하가 가지고 있는 색종이는 모두 몇 장일까요?

식 $25 + 28 + 29 =$

답 ____________

**2** 사과 **42**개 중에서 **5**개는 썩어서 버리고, **19**개는 먹었습니다. 남은 사과는 몇 개일까요?

식

답 ____________

**3** 붕어빵이 **31**개 있었습니다. 그중에서 **26**개를 팔고, 새로 **17**개를 만들었습니다. 붕어빵은 몇 개 있을까요?

식

답 ____________

**4** 예진이는 동화책을 **67**쪽 읽었고, 동호는 예진이보다 **9**쪽 더 많이 읽었습니다. 태성이는 동호보다 **18**쪽 더 적게 읽었다면, 태성이가 읽은 동화책은 몇 쪽일까요?

식

답 ____________

**5** 도서관에서 어린이 **70**명이 책을 읽고 있었습니다. 잠시 후 **15**명이 나가고, **27**명이 들어 왔습니다. 지금 도서관에 있는 어린이는 몇 명일까요?

식

답 ____________

# 41 마무리 확인

**1** 계산을 하세요.

(1)
$$\begin{array}{r} 3\ 6 \\ +\ 8\ 7 \\ \hline \end{array}$$

(2)
$$\begin{array}{r} 5\ 2 \\ +\ 2\ 9 \\ \hline \end{array}$$

(3)
$$\begin{array}{r} 7\ 5 \\ +\ 7\ 3 \\ \hline \end{array}$$

(4)
$$\begin{array}{r} 8\ 2 \\ -\ 1\ 9 \\ \hline \end{array}$$

(5)
$$\begin{array}{r} 5\ 7 \\ -\ 4\ 8 \\ \hline \end{array}$$

(6)
$$\begin{array}{r} 7\ 0 \\ -\ 5\ 4 \\ \hline \end{array}$$

**2** 계산을 하세요.

(1) $51+29-18=$

(2) $62-39-7=$

(3) $8+45+48=$

(4) $83-15+96=$

**3** 덧셈식은 뺄셈식으로, 뺄셈식은 덧셈식으로 나타내세요.

(1) $\boxed{23+27=50}$

$$\square - \square = \square$$
$$\square - \square = \square$$

(2) $\boxed{62-46=16}$

$$\square + \square = \square$$
$$\square + \square = \square$$

**4**  □ 안에 알맞은 수를 써넣으세요.

(1) □ $-53=19$

(2) $65-$ □ $=48$

**5**  □ 안에 알맞은 수를 써넣으세요.

(1)
$$
\begin{array}{cc}
 & 2 \ \square \\
+ & \square \ 6 \\
\hline
 & 5 \ 4
\end{array}
$$

(2)
$$
\begin{array}{cc}
 & 9 \ \square \\
- & \square \ 7 \\
\hline
 & 1 \ 7
\end{array}
$$

**6**  자장면 가게에서 쿠폰 50장을 모으면 탕수육으로 바꾸어 줍니다. 쿠폰을 38장 모았다면 쿠폰을 몇 장 더 모아야 탕수육으로 바꿀 수 있을까요?

식 ___________________     답 ___________________

**7**  본준이는 75쪽짜리 동화책을 사서 어제 18쪽을 읽고, 오늘 29쪽을 읽었습니다. 이 동화책을 끝까지 다 읽으려면 몇 쪽을 더 읽어야 할까요?

식 ___________________     답 ___________________

**8**  고구마를 아빠는 55개 캤고, 현구는 아빠보다 16개 더 적게 캤습니다. 아빠와 현구가 캔 고구마는 모두 몇 개일까요?

(                              )

# 05
# 길이 재기



**이전에 배운 내용**

**1-1** 비교하기
• 길이, 무게, 넓이,
  담을 수 있는 양 비교

**지금 배울 내용**

**2-1** 길이 재기
• 길이 단위 1 cm
• 자로 길이 재기

**앞으로 배울 내용**

**2-2** 길이 재기
• 길이 단위 1 m
• 길이의 합과 차
• 길이 어림하기

**3-1** 길이와 시간
• 길이 단위 1 mm, 1 km
• 길이의 합과 차

| 학습 일차 | 학습 내용 | 날짜 | 맞은 개수 | |
|---|---|---|---|---|
| | | | 연산 | 응용 |
| DAY 42 | **길이 재기 ①**<br>임의 단위로 길이 재기 | / | /10 | /4 |
| DAY 43 | **길이 재기 ②**<br>자로 길이 재기 | / | /5 | /4 |
| DAY 44 | **길이 재기 ③**<br>길이 어림하기 | / | /5 | /9 |
| DAY 45 | **마무리 확인** | / | | /11 |

# 5. 길이 재기

---

## 여러 가지 단위로 길이 재기

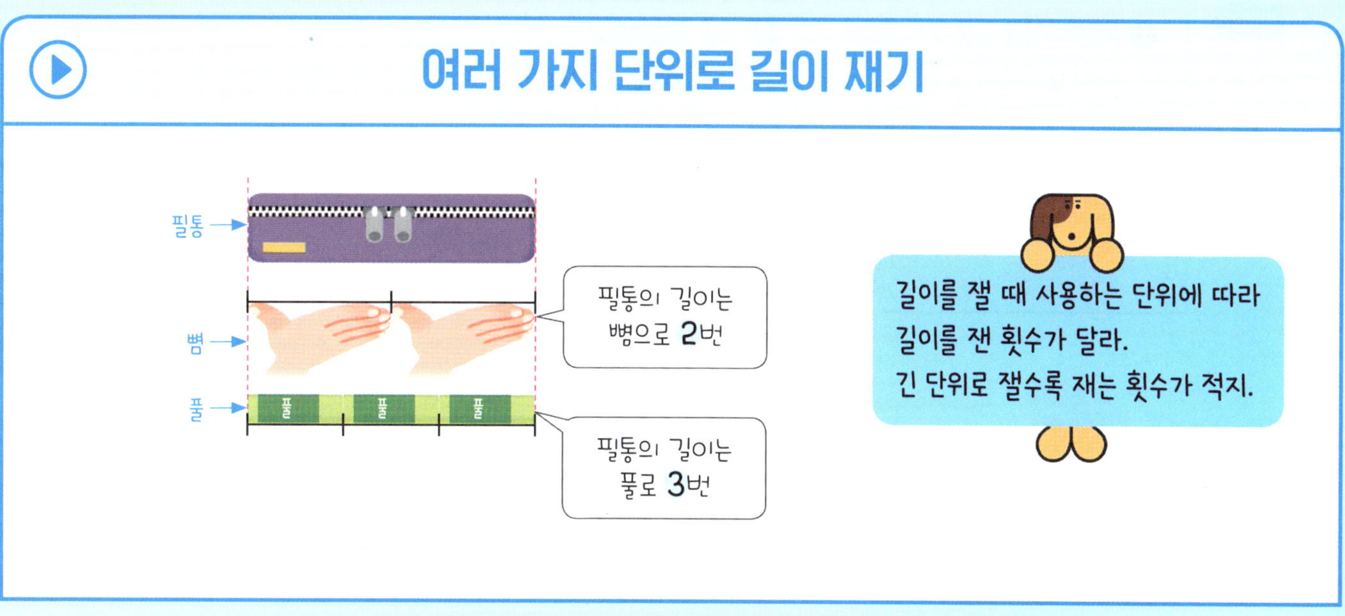


---

## 길이 단위 1 cm

**1 cm** : 자에서 큰 눈금 한 칸의 길이

1 cm

0 1 2 3 4 5 6

쓰기 ▶ 1 cm

읽기 ▶ 1 센티미터

---

**2 cm** : 1 cm가 **2**번

0 1 2 3 4 5 6

쓰기 ▶ 2 cm

읽기 ▶ 2 센티미터

1 cm가 ★번 ➡ ★ cm

# 자로 길이 재기



# 길이 어림하는 방법

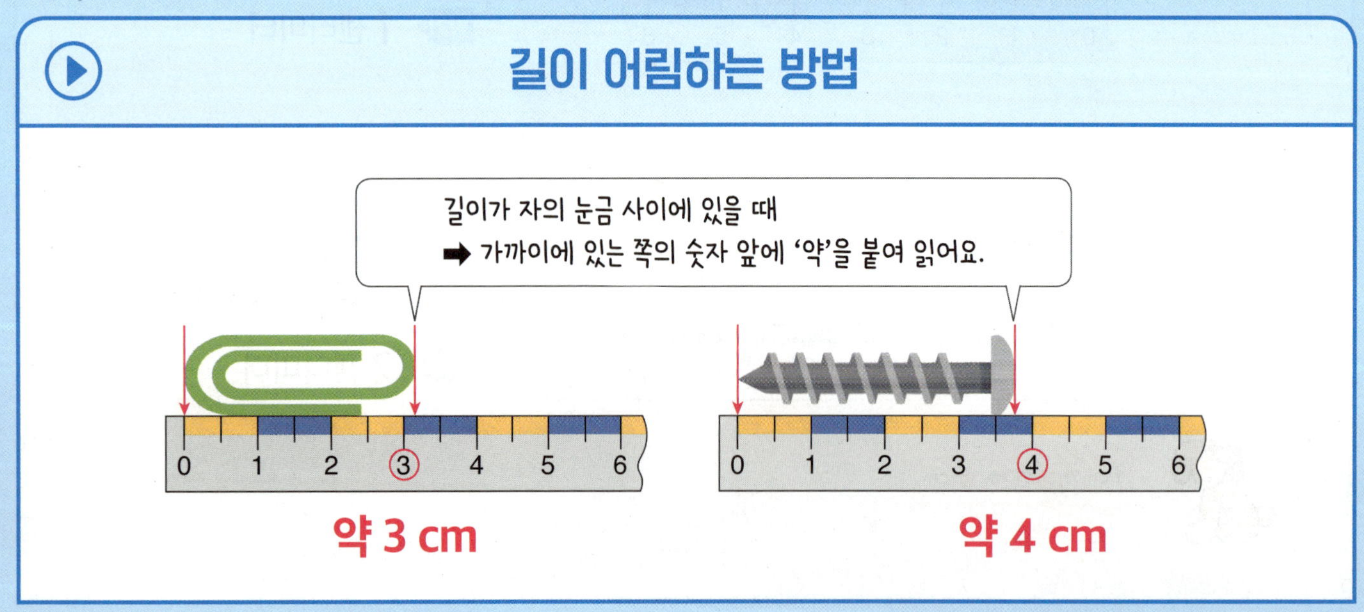

# 42 DAY · 길이 재기 ①

임의 단위로 길이 재기



물건의 길이는 주어진 단위로 몇 번인지 구하세요.

1. 

2번

2. 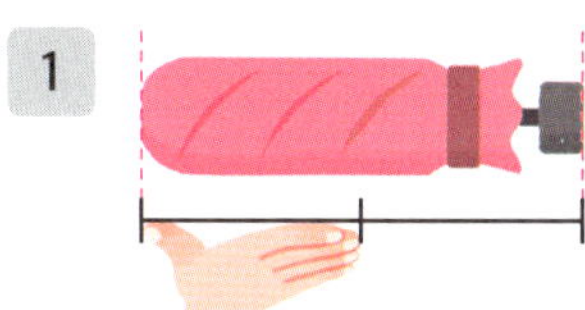

_________________

3. 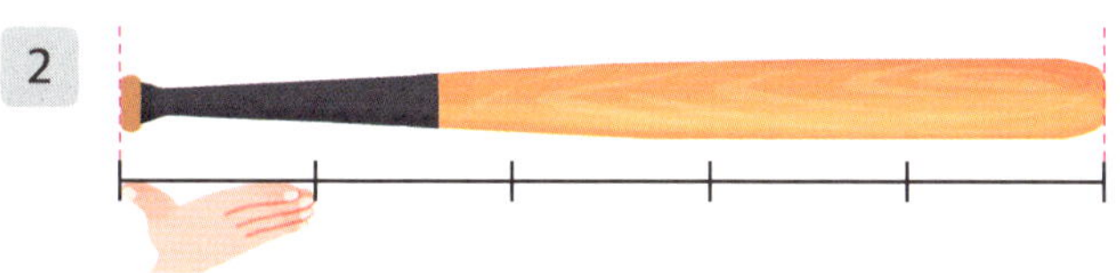

_________________

4. 

_________________

5.

_________________

6. 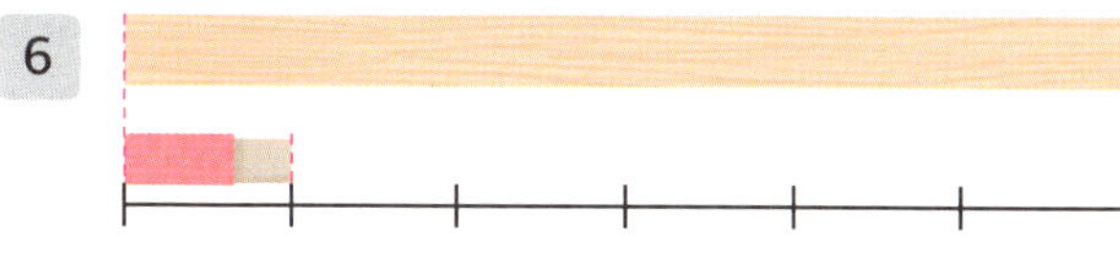

_________________

7. 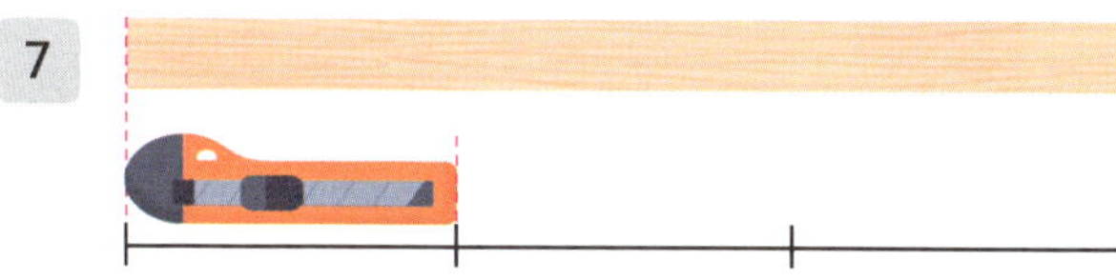

_________________

8. 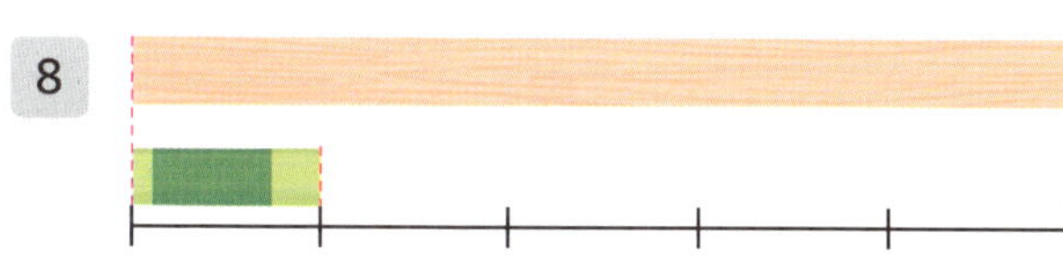

_________________

9. 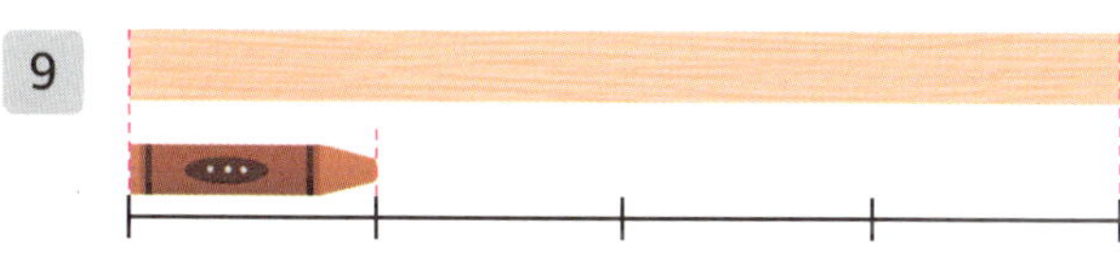

_________________

10. 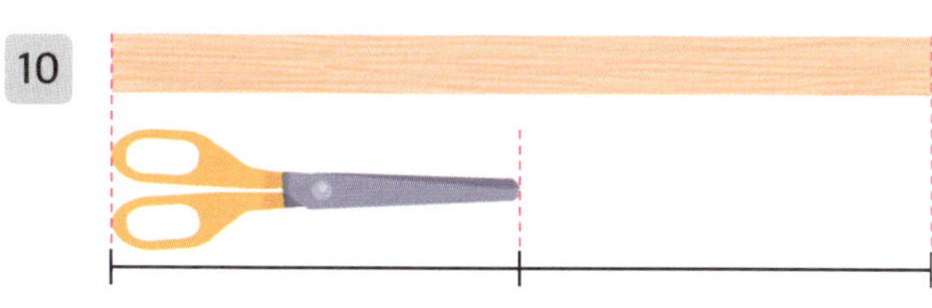

_________________

# 길이 재기①

## ❘ 길이를 재는 횟수로 물건 또는 단위의 길이를 비교하기 ❘

물건의 길이를 비교하는 문제

**1** 정균이는 우산으로 책상과 식탁의 길이를 재었습니다. 책상과 식탁 중 더 긴 것은 어느 것일까요?

답 _______________

단위의 길이를 비교하는 문제

**3** 수현이는 우산과 야구방망이로 창문의 길이를 재었습니다. 우산과 야구방망이 중 더 짧은 것은 어느 것일까요?

답 _______________

**2** 태호, 민정, 일영이는 같은 클립으로 각자 가지고 있는 연필의 길이를 재었습니다. 가지고 있는 연필의 길이가 긴 순서대로 이름을 쓰세요.

> 태호: 내 연필은 클립으로 5번이야.
> 민정: 내 연필은 클립으로 6번이야.
> 일영: 내 연필은 클립으로 3번이야.

답 _______________ , _______ , _______

**4** 세 친구가 뼘으로 교실 칠판의 긴 쪽의 길이를 재었습니다. 한 뼘의 길이가 긴 순서대로 이름을 쓰세요.

> 진혁: 내 뼘으로 6번이야.
> 은우: 내 뼘으로는 5번이었는데.
> 예빈: 내 뼘으로 7번이나 돼!

답 _______________ , _______ , _______

**바로 개념** 같은 단위로 길이를 잰 횟수가 많을수록 물건의 길이가 ( 짧고 , 길고 ),
단위의 길이가 길수록 물건의 길이를 잰 횟수가 ( 적어 , 많아 ).

# 43 길이 재기② 자로 길이 재기



물건의 길이는 몇 cm인지 구하세요.

**1**

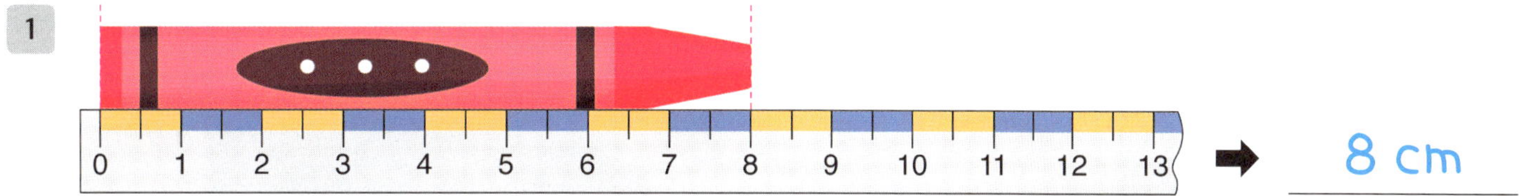

➡ **8 cm**

**2**

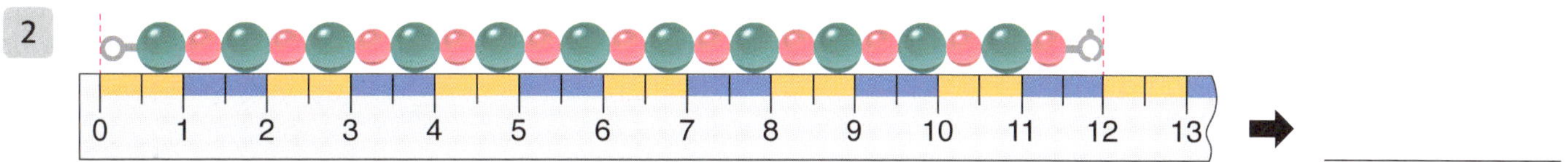

➡ _______

**3**

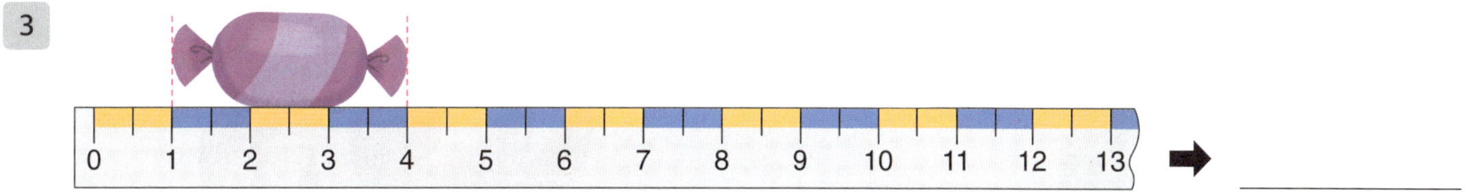

➡ _______

**4**

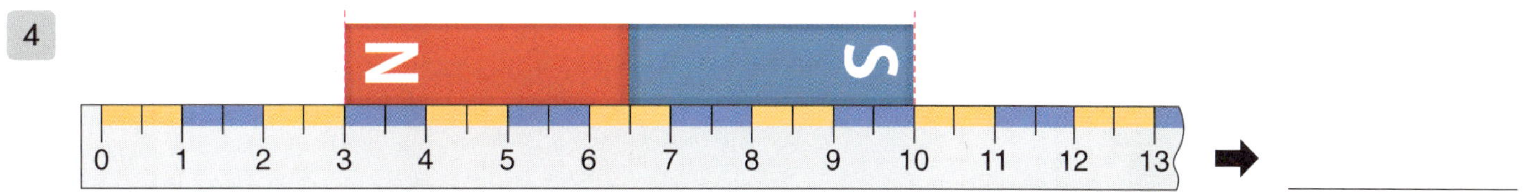

➡ _______

**5**

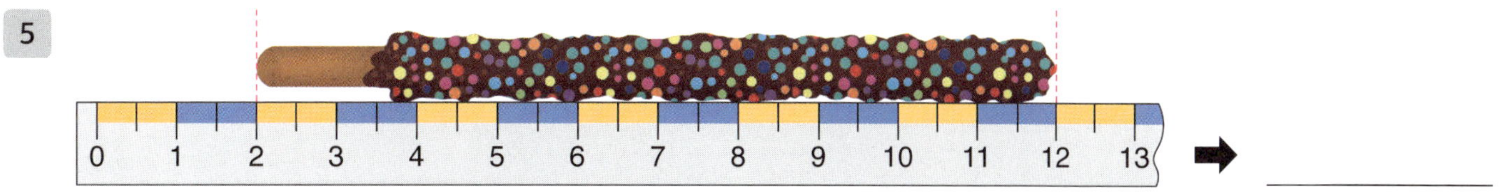

➡ _______

# 응용 UP 길이 재기②

길이가 2 cm, 3 cm, 6 cm, 7 cm인 종이가 있습니다.
이 종이들을 여러 장 사용하여 물건의 길이를 재어 보세요.

1

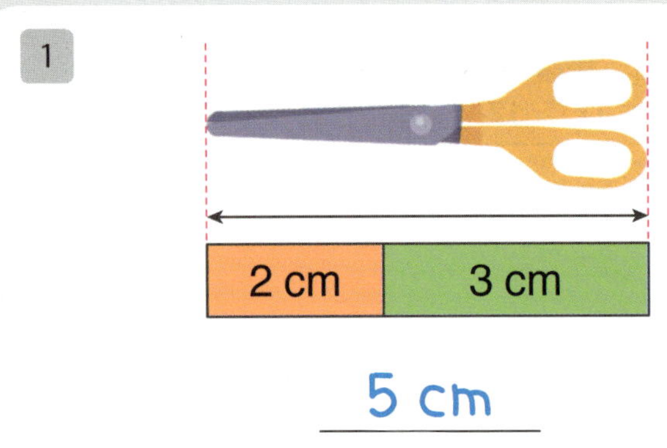

2 cm | 3 cm

5 cm

3

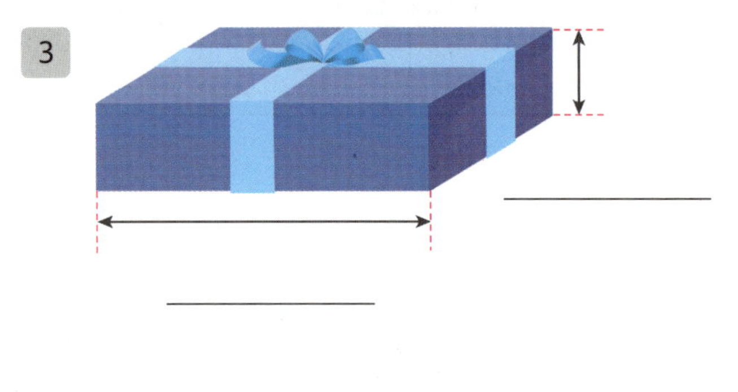

2

4

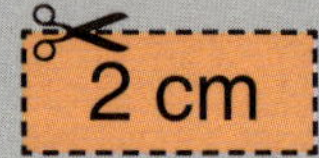

2 cm | 3 cm | 6 cm | 7 cm

# 44 길이 재기 ③ 길이 어림하기

물건의 길이는 약 몇 cm인지 구하세요.

**1** 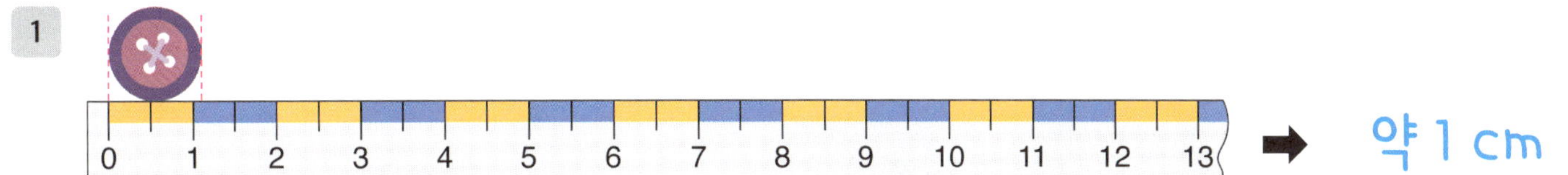

➡ 약 1 cm

**2** 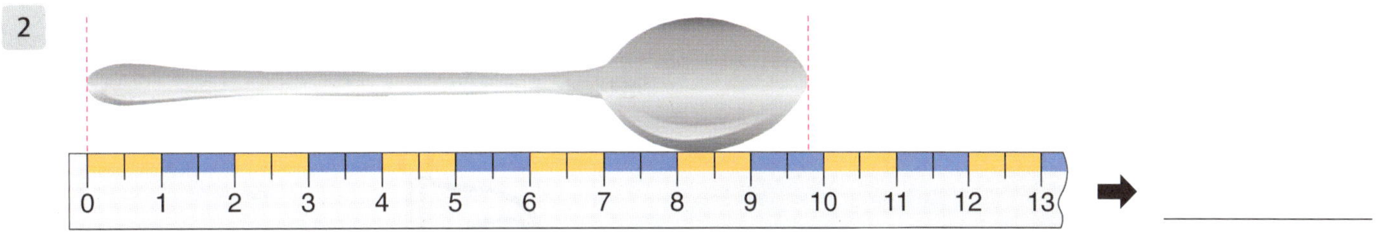

➡ __________

**3** 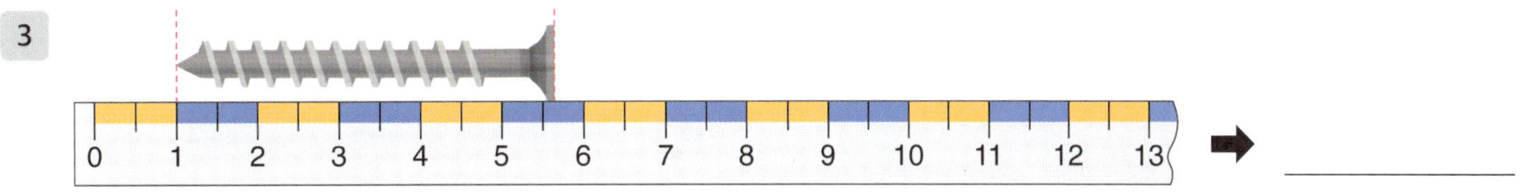

➡ __________

**4** 

➡ __________

**5** 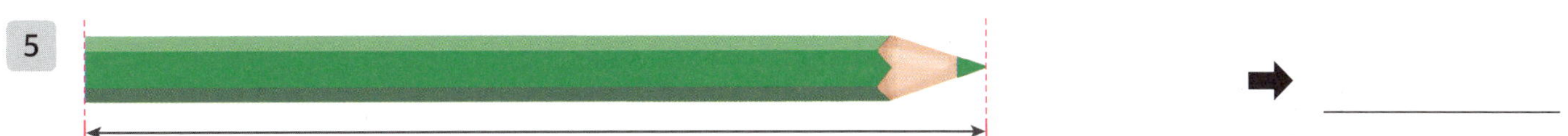

➡ __________

수의 순서대로 점들을 이어 그림을 완성하고, 각 점 사이의 길이를 재어 약 몇 cm인지 쓰세요.

| 1 ➡ 2 | 약 1 cm | 4 ➡ 5 | | 7 ➡ 8 | |
|---|---|---|---|---|---|
| 2 ➡ 3 | | 5 ➡ 6 | | 8 ➡ 9 | |
| 3 ➡ 4 | | 6 ➡ 7 | | 9 ➡ 10 | |

# 45 DAY · 마무리 확인

연산 평가 up

**1** 물건의 길이는 주어진 단위로 몇 번인지 구하세요.

(1) 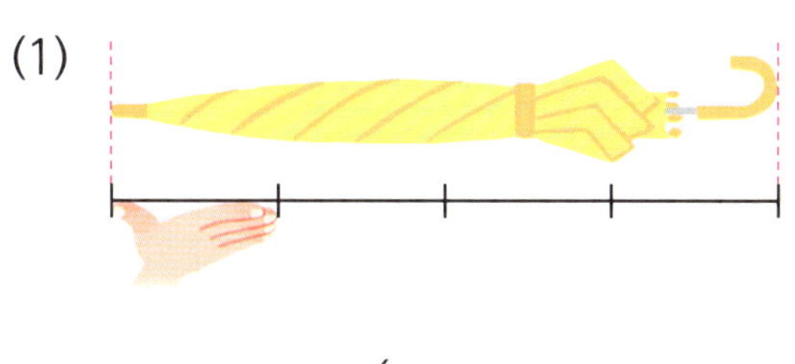

(　　　　　　　　　　)

(2)

(　　　　　　　　　　)

**2** 물건의 길이는 몇 cm인지 구하세요.

(1) 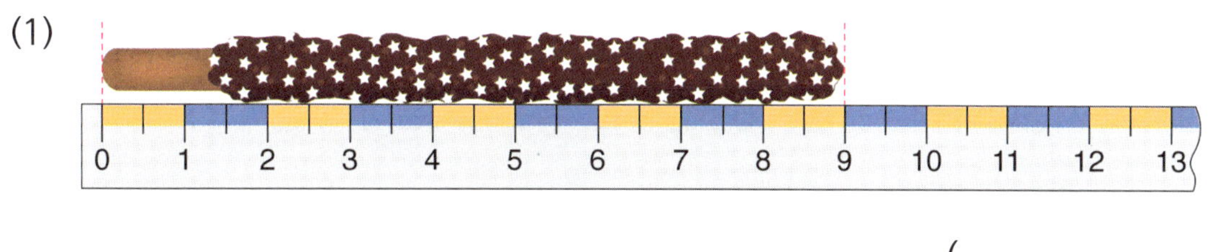

(　　　　　　　　　　)

(2) 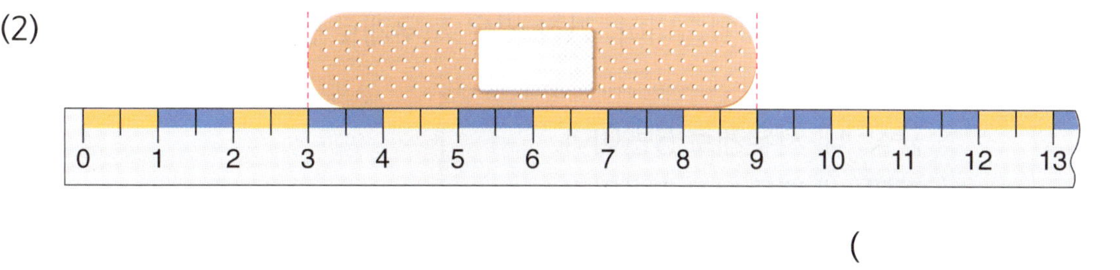

(　　　　　　　　　　)

**3** 물건의 길이는 약 몇 cm인지 자로 재어 보세요.

(1) 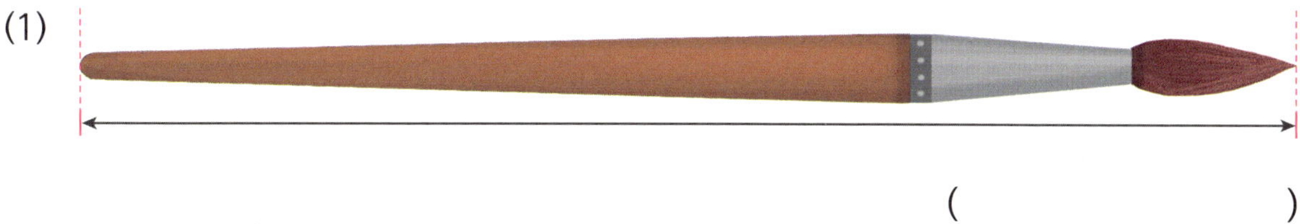

(　　　　　　　　　　)

(2) 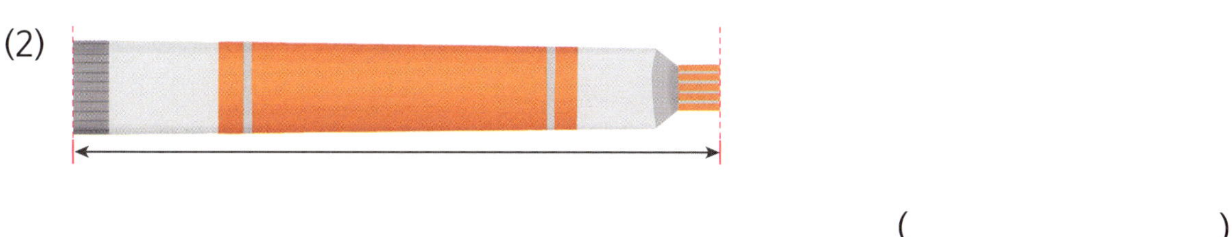

(　　　　　　　　　　)

**4** 오른쪽 사각형의 변의 길이를 자로 재어 □ 안에 알맞은 수를 써넣으세요.

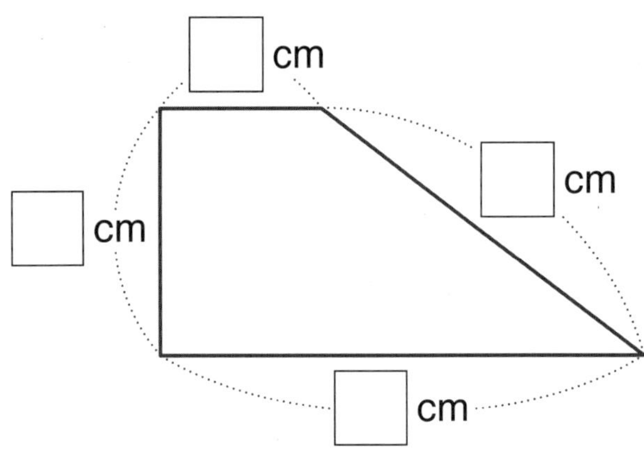


**5** 민규와 지영이는 같은 풀로 각자 가지고 있는 리본의 길이를 재었습니다. 민규의 리본은 풀로 4번이고, 지영이의 리본은 풀로 6번입니다. 누구의 리본이 더 길까요?

(            )

**6** 수학 교과서의 긴 쪽의 길이를 재었습니다. 가장 짧은 지우개로 잰 사람은 누구일까요?

> 균상: 내 지우개로 **5**번이야.
> 종원: 내 지우개로 **7**번이야.
> 수지: 내 지우개로 **9**번이야.

(            )

**7** 두 빨간색 선의 길이를 어림하여 비교하고 자로 재어 확인해 보세요.

(1) ㉮와 ㉯ 중 어느 쪽이 더 길어 보이나요? (       )

(2) 자로 재어 몇 cm인지 구하세요.

㉮ (        ), ㉯ (        )

# 06 곱셈

| 학습 일차 | 학습 내용 | 날짜 | 맞은 개수 | |
|---|---|---|---|---|
| | | | 연산 | 응용 |
| DAY 46 | **곱셈 ①**<br>덧셈식과 곱셈식의 관계 | / | /6 | /8 |
| DAY 47 | **곱셈 ②**<br>곱셈 표현 - 몇씩 몇 묶음 | / | /6 | /5 |
| DAY 48 | **곱셈 ③**<br>곱셈 표현 - 몇의 몇 배 | / | /8 | /5 |
| DAY 49 | **곱셈 ④**<br>곱셈식으로 나타내기 | / | /5 | /4 |
| DAY 50 | **마무리 확인** | / | | /11 |

# 6. 곱셈

## ▶ 몇씩 몇 묶음

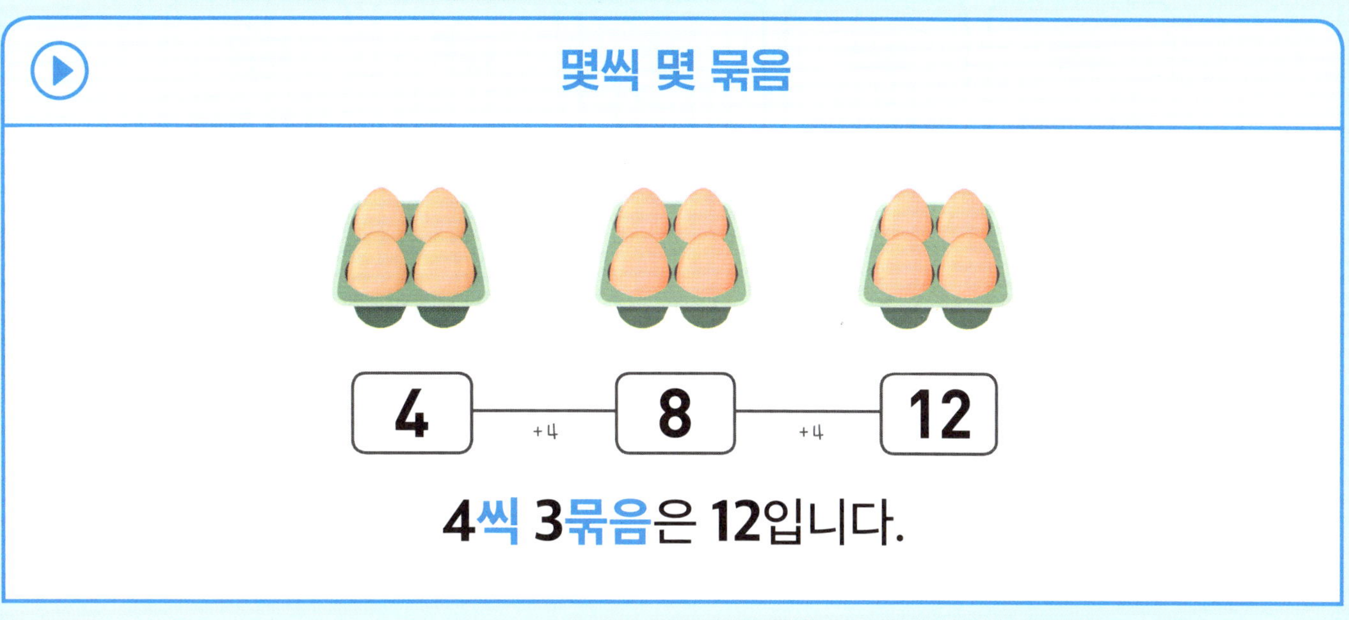

**4**씩 **3**묶음은 **12**입니다.

## ▶ 몇의 몇 배

- 3의 5배를 **3×5**라고 씁니다.

- 3×5는 **3 곱하기 5**라고 읽습니다.

- 3×5는 **3+3+3+3+3**과 같습니다.

- 3+3+3+3+3=15이므로 **3×5=15**입니다.

- 이때 **15**를 3과 5의 **곱**이라고 합니다.

마카롱의 수는 다음과 같이
여러 가지 방법으로 설명할 수 있어.
① 3씩 5묶음
② 3의 5배
③ 곱셈식으로 3×5=15
④ 덧셈식으로 3+3+3+3+3=15

곱셈은 같은 수를 여러 번 더하는 것을 간단히 나타낸 것이므로
곱셈은 덧셈으로 바꾸어 계산할 수 있습니다.

$$5×2 \rightarrow 5+5=10$$
5를 2번

$$5×4 \rightarrow 5+5+5+5=20$$
5를 4번

$$5×9 \rightarrow 5+5+5+5+5+5+5+5+5=45$$
5를 9번

구슬은 모두 몇 개인지 덧셈식으로 구하고, 곱셈식으로 나타내세요.

**1**

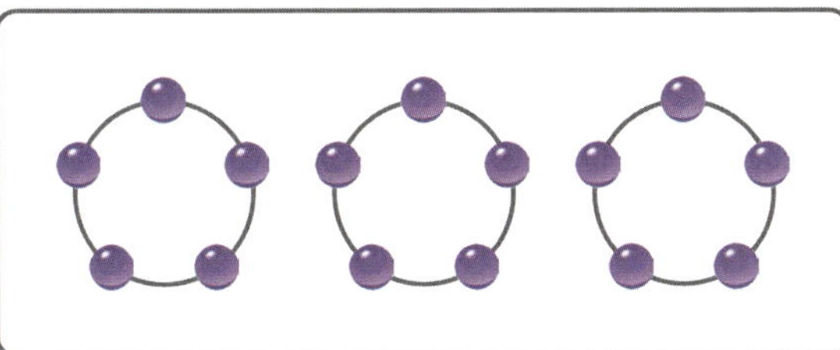

$$5+5+5=\boxed{15}$$



$$\Rightarrow 5\times\boxed{3}=\boxed{15}$$

**4**

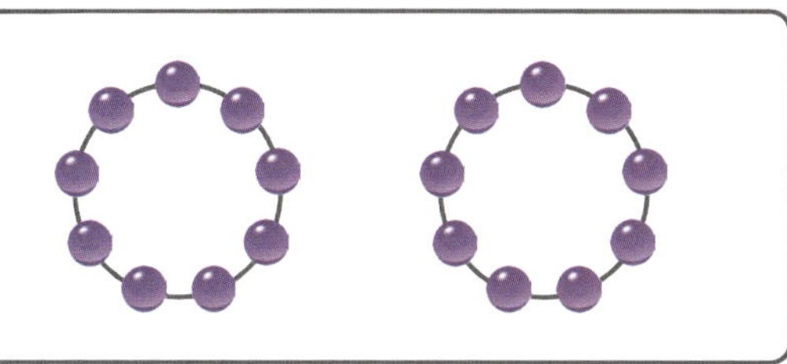

$$9+9=\boxed{\phantom{0}}$$

$$\Rightarrow \boxed{\phantom{0}}\times\boxed{\phantom{0}}=\boxed{\phantom{0}}$$

**2**

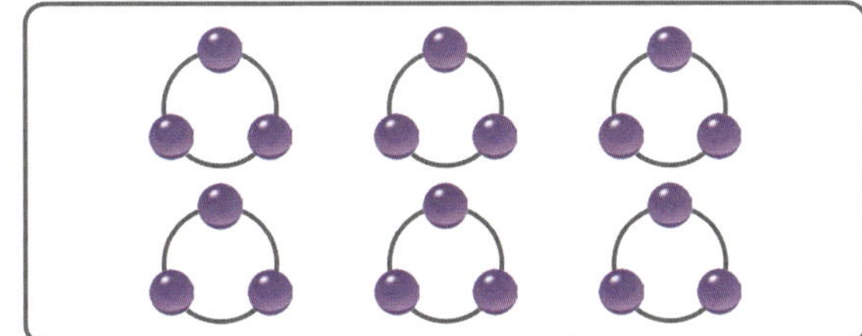

$$3+3+3+3+3+3=\boxed{\phantom{0}}$$

$$\Rightarrow 3\times\boxed{\phantom{0}}=\boxed{\phantom{0}}$$

**5**

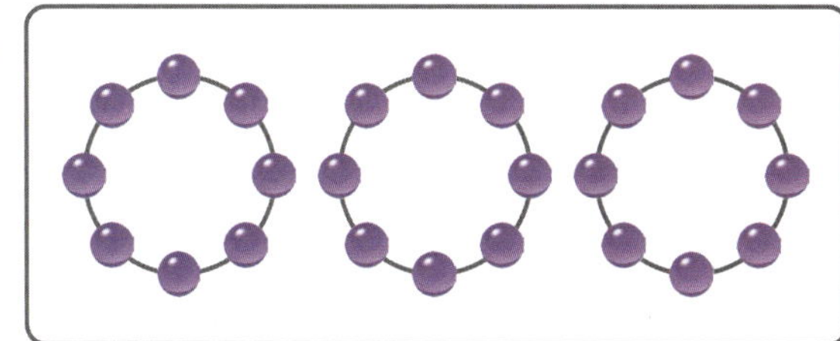

$$8+8+8=\boxed{\phantom{0}}$$

$$\Rightarrow \boxed{\phantom{0}}\times\boxed{\phantom{0}}=\boxed{\phantom{0}}$$

**3**

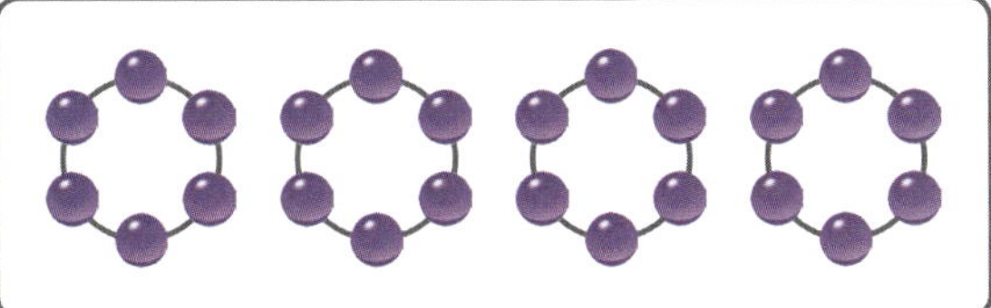

$$6+6+6+6=\boxed{\phantom{0}}$$

$$\Rightarrow 6\times\boxed{\phantom{0}}=\boxed{\phantom{0}}$$

**6**

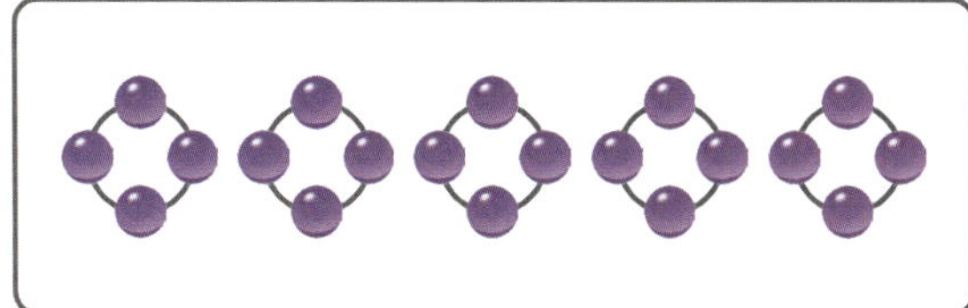

$$4+4+4+4+4=\boxed{\phantom{0}}$$

$$\Rightarrow \boxed{\phantom{0}}\times\boxed{\phantom{0}}=\boxed{\phantom{0}}$$

곱셈을 덧셈식으로 나타내어 계산하세요.

**1** | $3 \times 4$ (3을 4번) → $3 + 3 + 3 + 3 = 12$ → $3 \times 4 = \boxed{12}$

**2** | $5 \times 2$ → _______ → $5 \times 2 = \boxed{\phantom{00}}$

**3** | $6 \times 5$ → _______ → $6 \times 5 = \boxed{\phantom{00}}$

**4** | $4 \times 6$ → _______ → $4 \times 6 = \boxed{\phantom{00}}$

**5** | $8 \times 4$ → _______ → $8 \times 4 = \boxed{\phantom{00}}$

**6** | $9 \times 3$ → _______ → $9 \times 3 = \boxed{\phantom{00}}$

**7** | $7 \times 2$ → _______ → $7 \times 2 = \boxed{\phantom{00}}$

**8** | $2 \times 7$ → _______ → $2 \times 7 = \boxed{\phantom{00}}$

빵은 모두 몇 개인지 곱셈식으로 나타내세요.

**1** 

2씩 6 묶음

➡ 2 × 6 = 12

2를 6번 더하면
2 + 2 + 2 + 2 + 2 + 2 = 12

**2** 

4씩 ☐ 묶음

➡ 4 × ☐ = ☐

**3** 

7씩 ☐ 묶음

➡ ☐ × ☐ = ☐

**4** 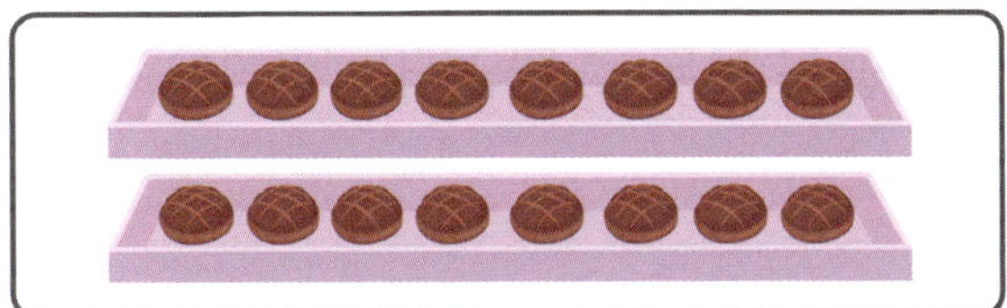

☐씩 ☐ 묶음

➡ ☐ × ☐ = ☐

**5** 

☐씩 ☐ 묶음

➡ ☐ × ☐ = ☐

**6** 

☐씩 ☐ 묶음

➡ ☐ × ☐ = ☐

1 운동장에 학생들이 **4명씩 5줄**로 서 있습니다.
학생들은 모두 몇 명인지 곱셈식으로 나타내세요.

4명씩 5줄 ➡ 4×5

식 _______________________

2 **5개씩** 묶여 있는 요구르트가 **3묶음** 있습니다.
요구르트는 모두 몇 개인지 곱셈식으로 나타내세요.

식 _______________________

3 한 상자에 **6자루씩** 들어 있는 연필이 **4상자** 있습니다.
연필은 모두 몇 자루인지 곱셈식으로 나타내세요.

식 _______________________

4 바퀴가 **2개**인 자전거가 **9대** 있습니다.
자전거 바퀴는 모두 몇 개인지 곱셈식으로 나타내세요.

식 _______________________

5 텃밭에서 캔 감자를
한 봉지에 **8개씩** 담았더니 **6봉지**가 되었습니다.
감자는 모두 몇 개인지 곱셈식으로 나타내세요.

식 _______________________

빨간색 모형의 수는 파란색 모형의 수의 몇 배인지 구하고, 곱셈식으로 나타내세요.

**1**

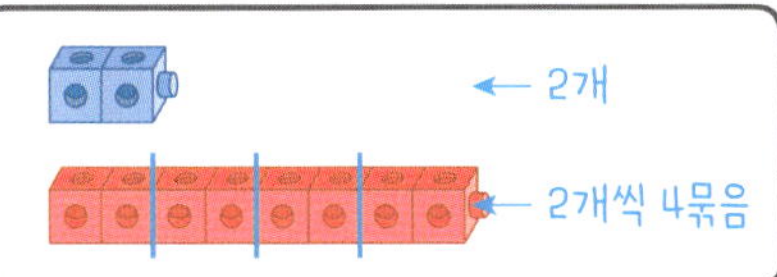


8은 2의 **4** 배

➡ 2 × **4** = **8**

**5**

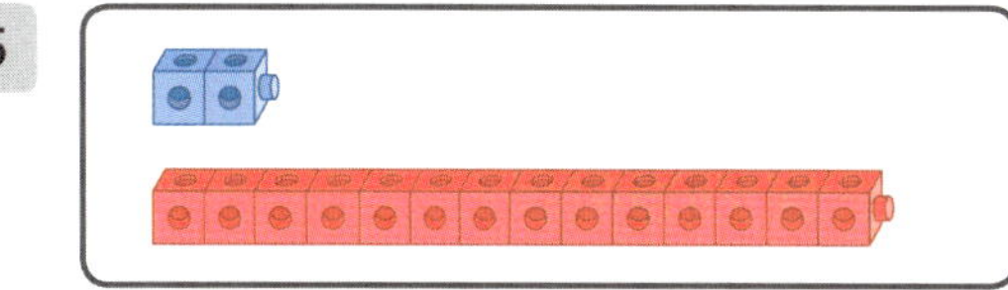

14는 ☐ 의 ☐ 배

➡ ☐ × ☐ = ☐

**2**

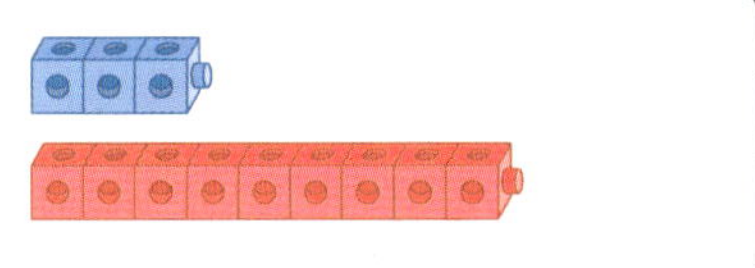

9는 3의 ☐ 배

➡ 3 × ☐ = ☐

**6**

12는 ☐ 의 ☐ 배

➡ ☐ × ☐ = ☐

**3**

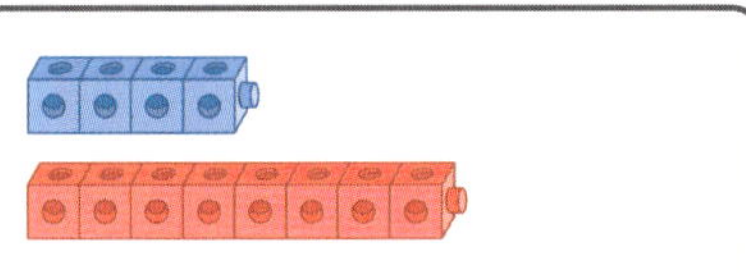

8은 4의 ☐ 배

➡ 4 × ☐ = ☐

**7**

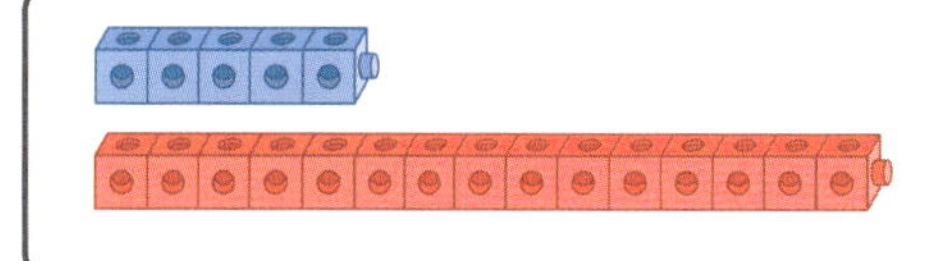

15는 ☐ 의 ☐ 배

➡ ☐ × ☐ = ☐

**4**

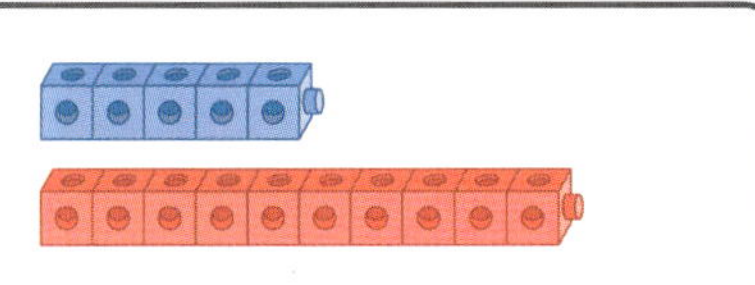

10은 5의 ☐ 배

➡ 5 × ☐ = ☐

**8**

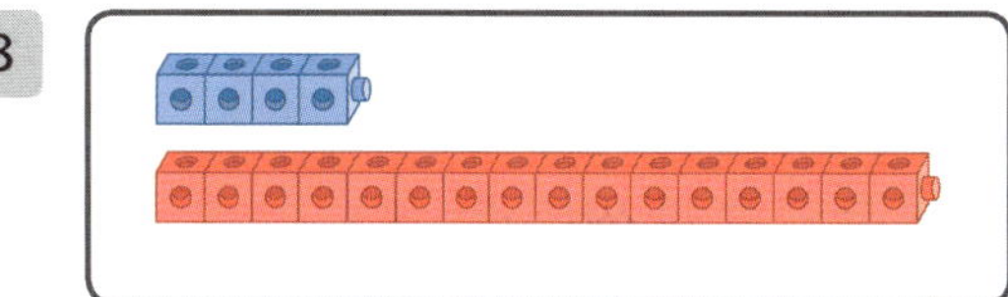

16은 ☐ 의 ☐ 배

➡ ☐ × ☐ = ☐

**1** 사과가 **5**개 있습니다.
딸기는 사과의 **6**배만큼 있습니다.
딸기는 모두 몇 개일까요?

**2** 연우 동생의 나이는 **3**살입니다.
연우의 나이는 동생 나이의 **3**배입니다.
연우의 나이는 몇 살일까요?

**3** 도현이는 책을 **8**권 읽었습니다.
지석이는 도현이의 **2**배만큼 책을 읽었습니다.
지석이가 읽은 책은 몇 권일까요?

**4** 지우개의 길이는 **4 cm**이고,
연필의 길이는 지우개 길이의 **4**배입니다.
연필의 길이는 몇 **cm**일까요?

**5** 영우는 블록을 **7**개 쌓았습니다.
은결이는 영우의 **3**배만큼 블록을 쌓으려고 합니다.
은결이는 블록을 몇 개 쌓아야 할까요?

답 ___________

# 곱셈 ④  곱셈식으로 나타내기



공은 모두 몇 개인지 곱셈식으로 나타내세요.

**1**

$$6 \times \boxed{\phantom{0}} = \boxed{\phantom{0}}$$

6씩 ☐묶음

**2**

$$\boxed{\phantom{0}} \times \boxed{\phantom{0}} = \boxed{\phantom{0}}$$

**4**

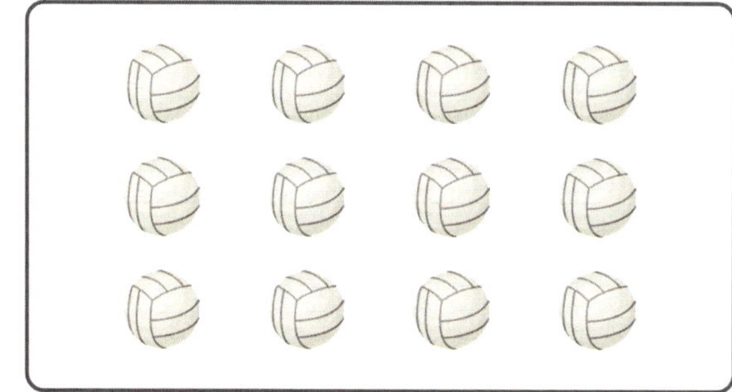

$$\boxed{\phantom{0}} \times \boxed{\phantom{0}} = \boxed{\phantom{0}}$$

**3**

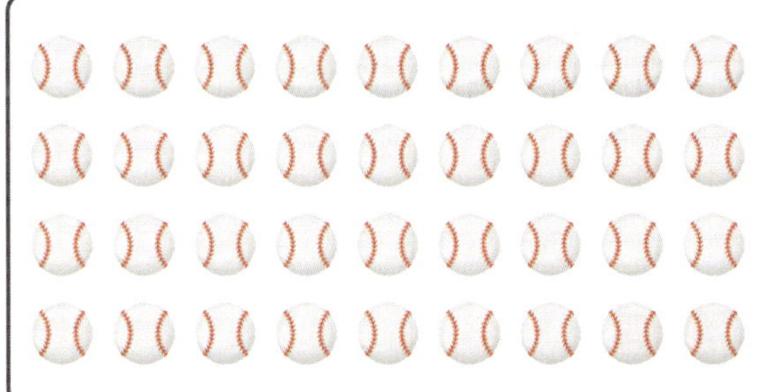

$$\boxed{\phantom{0}} \times \boxed{\phantom{0}} = \boxed{\phantom{0}}$$

**5**

$$\boxed{\phantom{0}} \times \boxed{\phantom{0}} = \boxed{\phantom{0}}$$

# 응용 UP 곱셈④

모두 몇 개인지 여러 가지 방법으로 나타내세요.

**1**

요구르트의 수

| 묶음 | 5씩 3묶음 |
| 배 | 5의 3배 |
| 덧셈식 | $5+5+5=15$ |
| 곱셈식 | $5 \times 3 = 15$ |

**3**

달걀의 수

| 묶음 | |
| 배 | |
| 덧셈식 | |
| 곱셈식 | |

**2**

기린의 다리 수

| 묶음 | |
| 배 | |
| 덧셈식 | |
| 곱셈식 | |

**4**

자전거의 바퀴 수

| 묶음 | |
| 배 | |
| 덧셈식 | |
| 곱셈식 | |

**1** 꽃은 모두 몇 송이인지 곱셈식으로 나타내세요.

(1) 

4씩 ☐ 묶음

➡ 4 × ☐ = ☐

(2) 

7씩 ☐ 묶음

➡ 7 × ☐ = ☐

**2** 빨간색 모형의 수는 파란색 모형의 수의 몇 배인지 구하고, 곱셈식으로 나타내세요.

(1) 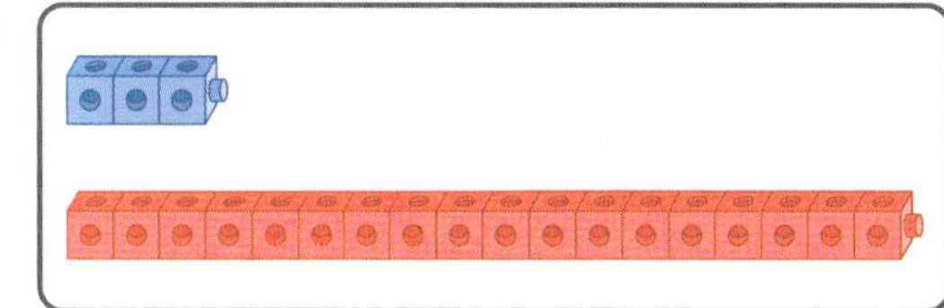

12는 4의 ☐ 배

➡ ☐ × ☐ = ☐

(2)

18은 3의 ☐ 배

➡ ☐ × ☐ = ☐

**3** 초콜릿은 모두 몇 개인지 곱셈식으로 나타내세요.

(1) 

☐ × ☐ = ☐

(2)

☐ × ☐ = ☐

**4** 곱셈을 덧셈식으로 나타내어 계산하세요.

(1) $3 \times 5$ ➡ _______________ ➡ $3 \times 5 =$ ☐

(2) $7 \times 4$ ➡ _______________ ➡ $7 \times 4 =$ ☐

**5** 우유는 모두 몇 개인지 여러 가지 방법으로 나타내세요.

묶음 ➡ _______________

배 ➡ _______________

덧셈식 ➡ _______________

곱셈식 ➡ _______________

**6** 한 상자에 7개씩 들어 있는 초콜릿이 5상자 있습니다. 초콜릿은 모두 몇 개인지 곱셈식으로 나타내고 구하세요.

식 _______________  답 _______________

**7** 희경이의 나이는 9살입니다. 희경이 엄마의 나이는 희경이 나이의 4배입니다. 희경이 엄마의 나이는 몇 살인지 곱셈식으로 나타내고 구하세요.

식 _______________  답 _______________

# · 메모 ·

• 메모 •

다음 단계로
넘어갈까요?
화이팅!

# 앗!

본책의 정답과 풀이를 분실하셨나요?
길벗스쿨 홈페이지에 들어오시면 내려받으실 수 있습니다.
https://school.gilbut.co.kr/

# 기적의 계산법 응용 UP

## 정답과 풀이

초등 2학년 3권

# 01 세 자리 수

## DAY 1

11쪽
12쪽

**연산 UP**

1  100
2  100
3  100
4  700
5  500
6  1000

**응용 UP**

1  3, 30, 300
바로개념  1, 2
2  800, 600, 1000
3  190, 420, 830, 990
4  100, 200, 300
5  800, 900, 1000
6  400, 400, 40, 400

## DAY 2

13쪽
14쪽

**연산 UP**

1  삼백구십오
2  팔백칠십이
3  백구
4  육백팔십일
5  오백십삼
6  구백사
7  이백사십
8  칠백삼십팔
9  571
10  124
11  910
12  612
13  705
14  439
15  368
16  853

**응용 UP**

1  671
2  121
3  814
4  990
5  301, 102
6  250

**연산 UP**  수를 읽을 때에는 각 자리 숫자가 나타내는 값(자리의 숫자와 자릿값)을 앞에서부터 차례로 읽습니다.

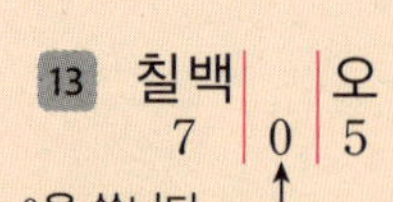

2  8 7 2
   팔백 칠십 이

3  1 0 9 ➡ 백구
   숫자가 0인 자리는 읽지 않습니다.
   숫자가 1인 자리는 자릿값만 읽습니다.

10  백 이십 사
    1  2  4

11  구백 십
    9  1  0

13  칠백 오
    7  0  5

읽지 않은 자리에는 0을 씁니다.

## 연산 UP

1. 354
2. 507
3. 323
4. 436
5. 290
6. 158

## 응용 UP

1.  ➡ 140

2~4. 예1 백 모형 5개로 500을 만들었습니다.

 ➡ 500

예2 백 모형 1개, 십 모형 2개, 일 모형 2개로 122를 만들었습니다.

➡ 122

예3 백 모형 2개, 일 모형 3개로 203을 만들었습니다.

 ➡ 203

---

응용 UP 2~4 이 외에도 다양한 방법으로 세 자리 수를 만들 수 있습니다.

① 수 모형을 5개 사용한 경우, ② 백 모형이 포함된 경우 모두 정답입니다.

만들 수 있는 세 자리 수는 500, 401, 410, 302, 311, 320, 203, 212, 221, 230, 104, 113, 122, 131, 140입니다.



## 연산 UP

1. 457
2. 186
3. 793
4. 408
5. 619
6. 8, 3, 6
7. 예 5, 1, 7
8. 예 7, 8, 9
9. 예 1, 2, 4
10. 예 3, 1, 0

## 응용 UP

1. 571개
2. 269권
3. 780장
4. 608개
5. 850원

연산 UP 5

```
100이  5개 ➡ 500
 10이 11개 ➡ 110
  1이  9개 ➡   9
              619
```

응용 UP 3

```
100장씩 7상자 ➡ 700장
 10장씩 8봉지 ➡  80장
전체 색종이   ➡ 780장
```

5

```
100원짜리  7개 ➡ 700원
 10원짜리 15개 ➡ 150원
전체 금액      ➡ 850원
```

<table>
<tr><td rowspan="2">DAY<br>5<br><br>19쪽<br>20쪽</td><td colspan="2">

**연산 UP**

| 1 | 300, 60, 8 / 300, 60, 8 | 4 | 100, 90, 7 / 100, 90, 7 |
|---|---|---|---|
| 2 | 500, 30, 4 / 500, 30, 4 | 5 | 900, 10, 0 / 900, 10, 0 |
| 3 | 200, 20, 2 / 200, 20, 2 | 6 | 600, 70, 5 / 600, 70, 5 |

**응용 UP**

| 1 | 5, 5, 50, 500 | 4 | 20, 3, 20, 100 |
|---|---|---|---|
| 2 | 9, 30, 400, 9 | 5 | 200, 200, 1, 60 |
| 3 | 70, 75, 805, 870 | 6 | 394, 94, 304, 390 |

</td></tr>
</table>

<table>
<tr><td rowspan="2">DAY<br>6<br><br>21쪽<br>22쪽</td><td>

**연산 UP**

| 1 | 7, 3, 6 | 5 | 700, 30, 6 |
|---|---|---|---|
| 2 | 1, 0, 4 | 6 | 400, 80, 5 |
| 3 | 8, 7, 3 | 7 | 7, 10, 500 |
| 4 | 2, 6, 9 | 8 | 3, 90, 600 |

</td><td>

**응용 UP**

| 1 | 586, 389 | 3 | 450, 461 |
|---|---|---|---|
| 2 | 100, 196 | 4 | 972, 173 |

</td></tr>
</table>

**응용 UP**　2　백의 자리 숫자를 알아보면 <u>1</u>00 ➡ 1, <u>3</u>10 ➡ 3, <u>6</u>41 ➡ 6, <u>1</u>96 ➡ 1, <u>9</u>51 ➡ 9, <u>2</u>13 ➡ 2

　　　　　　　3　숫자 4가 나타내는 값을 알아보면 2<u>4</u>3 ➡ 40, 8<u>4</u>6 ➡ 40, 19<u>4</u> ➡ 4, <u>4</u>50 ➡ 400, 30<u>4</u> ➡ 4, <u>4</u>61 ➡ 400

　　　　　　　4　숫자 7이 나타내는 값을 알아보면 80<u>7</u> ➡ 7, <u>7</u>48 ➡ 700, 9<u>7</u>2 ➡ 70, <u>7</u>56 ➡ 700, 1<u>7</u>3 ➡ 70, 41<u>7</u> ➡ 7

<table>
<tr><td rowspan="2">DAY<br>7<br><br>23쪽<br>24쪽</td><td>

**연산 UP**

| 1 | 십, 50 | 9 | 백, 400 |
|---|---|---|---|
| 2 | 백, 100 | 10 | 일, 7 |
| 3 | 일, 3 | 11 | 십, 60 |
| 4 | 백, 200 | 12 | 일, 5 |
| 5 | 일, 6 | 13 | 백, 500 |
| 6 | 십, 90 | 14 | 십, 10 |
| 7 | 백, 700 | 15 | 일, 8 |
| 8 | 십, 20 | 16 | 백, 900 |

</td><td>

**응용 UP**

| 1 | 452 |
|---|---|
| 2 | 607 |
| 3 | 129 |
| 4 | 4개 |
| 5 | 354 |

</td></tr>
</table>

**응용 UP**　4　896, 897, 898, 899 ➡ 4개

## 연산 UP

1  600, 700, 800, 900

2  275, 285, 295, 305

3  855, 856, 857, 858

4  960, 970, 990, 1000

5  777, 776, 772, 771

6  263, 463, 663

7  419, 429, 449, 469

## 응용 UP

1  735

2  305

3  740

4  200

5  224

**연산 UP**  5  777 — 776 — 775 — 774 — 773 — 772 — 771

1씩 거꾸로 뛰어서 센 것입니다.

6  163 — 263 — 363 — 463 — 563 — 663 — 763

2번 뛰어서 세어 백의 자리 숫자가 2 커졌으므로 100씩 뛰어서 센 것입니다.

7  409 — 419 — 429 — 439 — 449 — 459 — 469

2번 뛰어서 세어 십의 자리 숫자가 2 커졌으므로 10씩 뛰어서 센 것입니다.

**응용 UP**  2  300 − 301 − 302 − 303 − 304 − 305    3  700 − 710 − 720 − 730 − 740

4  250 − 240 − 230 − 220 − 210 − 200    5  624 − 524 − 424 − 324 − 224



## 연산 UP

1  <        9  >

2  >        10  <

3  >        11  >

4  <        12  <

5  >        13  <

6  >        14  <

7  <        15  >

8  <        16  <

## 응용 UP

1  현수

2  준하

3  동화책

4  단팥빵

5  은재

**응용 UP**  1  158 < 171    2  198 < 203    3  515 > 510    4  950 > 850    5  131 < 137

## 연산 UP

| 1 | 236  ⟨296⟩  △183 |
| 2 | 657  △598  ⟨689⟩ |
| 3 | △719  818  ⟨917⟩ |
| 4 | 542  ⟨549⟩  △540 |
| 5 | 435  ⟨485⟩  455 |
| 6 | ⟨131⟩  △112  119 |

| 7 | 809  ⟨873⟩  863  870 |
| 8 | ⟨197⟩  173  △162  182 |
| 9 | 259  631  △472  ⟨814⟩ |
| 10 | 815  ⟨819⟩  817  △812 |
| 11 | 676  767  ⟨802⟩  △599 |
| 12 | 298  △274  315  ⟨309⟩ |

## 응용 UP

**1**  5, 4, 3, 1, 2

**2**
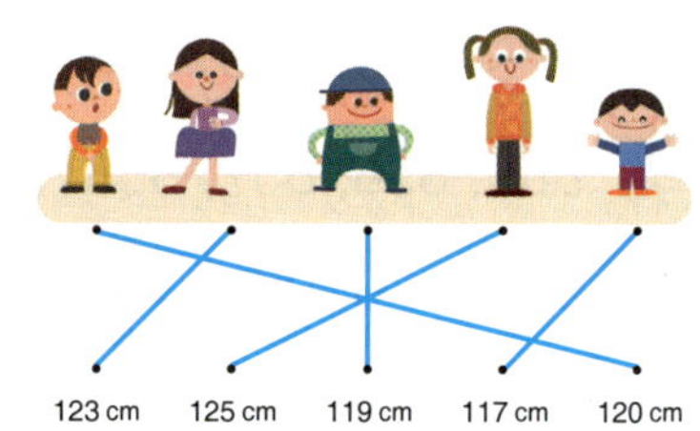


**응용 UP**

**1** 높이를 비교하면 634＞632＞553＞324＞237입니다.

**2** 키를 비교하면 125＞123＞120＞119＞117입니다.

---



## 응용 UP

| 1 | 1, 2, 3 |
| 2 | 8, 9 |
| 3 | 0, 1, 2, 3, 4, 5 |
| 4 | 9 |
| 5 | 0, 1, 2, 3 |
| 6 | 6, 7, 8, 9 |
| 7 | 0, 1, 2, 3 |
| 8 | 6, 7, 8, 9 |

## 응용 UP

| 1 | 8, 9 |
| 2 | 0, 1, 2, 3 |
| 3 | 5, 6, 7, 8, 9 |
| 4 | 0, 1, 2 |
| 5 | 6, 7, 8, 9 |
| 6 | 8, 9 |
| 7 | 0, 1 |
| 8 | 0, 1, 2, 3, 4 |

**응용 UP**  31쪽

**2**  9□4＞978

□ 안에 9부터 차례로 넣어 봅니다.

9⟨9⟩4＞978   9⟨8⟩4＞978   9⟨7⟩4＜978

➡ □=8, 9

**3**  2□2＜259

□ 안에 0부터 차례로 넣어 봅니다.

2⟨0⟩2＜259   2⟨1⟩2＜259   2⟨2⟩2＜259
2⟨3⟩2＜259   2⟨4⟩2＜259   2⟨5⟩2＜259
2⟨6⟩2＞259

➡ □=0, 1, 2, 3, 4, 5

---

**응용 UP**  32쪽

**2**  75□＜754
□＜4

**3**  4□7＞448
□7＞48이므로 □=5, 6, 7, 8, 9

**4**  3□2＜329
□2＜29이므로 □=0, 1, 2

**5**  517＜□14
51＜□1이므로 □=6, 7, 8, 9

**6**  184＜1□8
84＜□8이므로 □=8, 9

**7**  823＞8□6
23＞□6이므로 □=0, 1

**응용 UP**

| | | | |
|---|---|---|---|
| 1 | 641, 146 | 5 | 985, 258 |
| 2 | 853, 358 | 6 | 763, 136 |
| 3 | 974, 479 | 7 | 652, 205 |
| 4 | 810, 108 | 8 | 964, 406 |

**응용 UP**

| | |
|---|---|
| 1 | 571 |
| 2 | 428 |
| 3 | 396 |
| 4 | 250 |

**응용 UP**
34쪽

2 ❶ 백의 자리에 4를 쓰고 ➡ 4 ☐ ☐
　❷ 남은 수 카드를 작은 수부터 쓰면 ➡ 4 2 8
3 ❶ 백의 자리에 3을 쓰고 ➡ 3 ☐ ☐
　❷ 남은 수 카드 중에서 큰 수부터 2개 쓰면 ➡ 3 9 6
4 ❶ 십의 자리에 5를 쓰고 ➡ ☐ 5 ☐
　❷ 남은 수 카드 중에서 작은 수부터 2개 쓰면 0, 2
　　0은 백의 자리에 올 수 없으므로 ➡ 2 5 0



| | | | |
|---|---|---|---|
| 1 | 917, 구백십칠 | 6 | (1) 1, 2, 3, 4　　(2) 7, 8, 9 |
| 2 | 8, 4 / 80, 4 / 200, 80, 4 | 7 | 653개 |
| 3 | (1) 백, 500　　(2) 십, 90 | 8 | 192 |
| 4 | 781, 791, 801, 811 | 9 | 식빵 |
| 5 | (1) <　　(2) > | 10 | 140 |

4 10씩 뛰어서 세었습니다.

5 (1) 799 < 801
　　　7<8

(2) 476 > 472
　　　6>2

6 (1) 8☐6 < 851
　　☐6<51이므로 ☐=1, 2, 3, 4

(2) ☐58 > 729
　　☐5>72이므로 ☐=7, 8, 9

7 100개씩 6상자 ➡ 600개
　10개씩 5바구니 ➡ 50개
　낱개 3개 ➡ 3개
　──────────────
　전체 귤 ➡ 653개

10 ❶ 십의 자리에 4를 쓰고 ➡ ☐ 4 ☐
　❷ 남은 수 카드 중에서 작은 수부터 2개 쓰면 0, 1
　　0은 백의 자리에 올 수 없으므로 ➡ 1 4 0

# 02 여러 가지 도형

## 응용 UP

**1** • 삼각형 1개짜리:

• 삼각형 4개짜리:

➡ 4＋1＝5(개)

**2** • 삼각형 1개짜리: 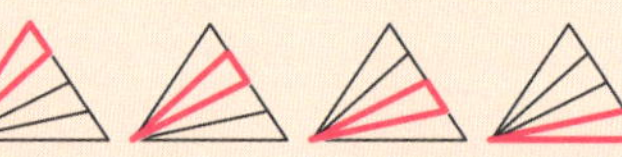

• 삼각형 2개짜리: 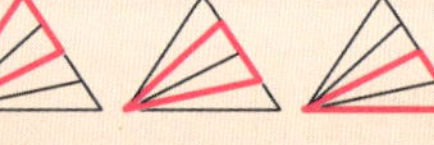

• 삼각형 3개짜리: 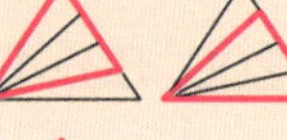

• 삼각형 4개짜리: 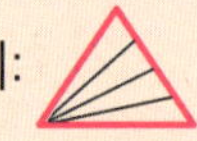

➡ 4＋3＋2＋1＝10(개)

**3** • 사각형 1개짜리:

• 사각형 2개짜리:

• 사각형 3개짜리:

➡ 3＋2＋1＝6(개)

**4** • 사각형 1개짜리: 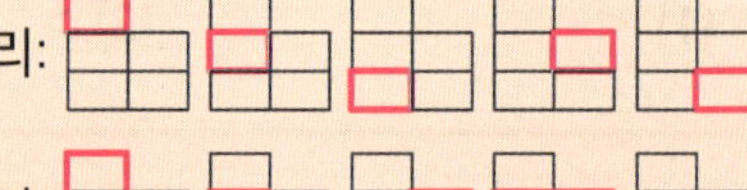

• 사각형 2개짜리: 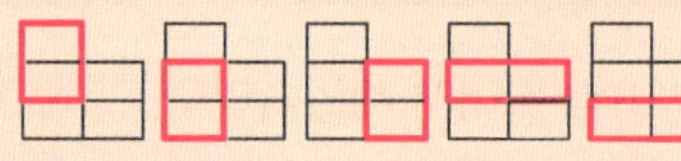

• 사각형 3개짜리: 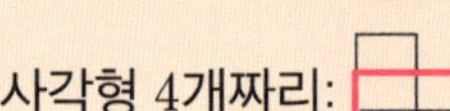

• 사각형 4개짜리:

➡ 5＋5＋1＋1＝12(개)

<table>
<tr><td colspan="2">연산 UP</td><td>응용 UP</td><td>DAY 15</td></tr>
</table>

**연산 UP**

| 1 | 4, 4 | 4 | 3, 3 | 7 | 5, 5 |
| 2 | 5, 5 | 5 | 4, 4 | 8 | 6, 6 |
| 3 | 6, 6 | 6 | 3, 3 | 9 | 0, 0 |

**응용 UP**

1  9
2  1개
3  2
4  육각형

**DAY 15**
43쪽
44쪽

**응용 UP**

1  (육각형의 변의 수)=6
(삼각형의 꼭짓점의 수)=3
➡ 6+3=9

2  (사각형의 꼭짓점의 수)=4
(오각형의 꼭짓점의 수)=5
➡ 5-4=1

3  ★=(사각형의 변의 수)=4
♥=(육각형의 꼭짓점의 수)=6
➡ ♥-★=6-4=2

4  곧은 선으로 둘러싸여 있는 도형은 변의 수와 꼭짓점의 수가 같습니다.
6+6=12이므로 변과 꼭짓점이 각각 6개입니다. 따라서 도형은 육각형입니다.

---

**연산 UP**

| 1 | 3개 | 6 | 4개 | 11 | 5개 |
| 2 | 5개 | 7 | 3개 | 12 | 4개 |
| 3 | 4개 | 8 | 3개 | 13 | 5개 |
| 4 | 5개 | 9 | 5개 | 14 | 4개 |
| 5 | 2개 | 10 | 4개 | 15 | 3개 |

**응용 UP**

1  (　　)( ○ )(　　)
2  ( ○ )(　　)(　　)
3  (　　)(　　)( ○ )
4  (　　)( ○ )(　　)

**DAY 16**
45쪽
46쪽

---

**DAY 17**

| 1 | (1) 사각형 | (2) 오각형 | 4 | 18개 |
| 2 | (1) 6, 6 | (2) 3, 3 | 5 | 오각형 |
| 3 | (1) 5개 | (2) 4개 | 6 | ㉢ |

47쪽
48쪽

4  • 사각형 1개짜리:
• 사각형 2개짜리:
• 사각형 3개짜리:　• 사각형 4개짜리:　• 사각형 6개짜리:
➡ 6+7+2+2+1=18(개)

5  삼각형의 꼭짓점은 3개입니다.
꼭짓점이 3개보다 2개 더 많으므로 꼭짓점이 5개인 도형입니다. 따라서 오각형입니다.

# 03 덧셈과 뺄셈(1)

## DAY 18

53쪽
54쪽

**연산 UP**

| | | | | | | | | | |
|---|---|---|---|---|---|---|---|---|---|
| 1 | 85 | 6 | 31 | 11 | 28 | 16 | 47 |
| 2 | 71 | 7 | 44 | 12 | 86 | 17 | 98 |
| 3 | 32 | 8 | 89 | 13 | 50 | 18 | 34 |
| 4 | 58 | 9 | 73 | 14 | 102 | 19 | 92 |
| 5 | 90 | 10 | 104 | 15 | 39 | 20 | 72 |

**응용 UP**

1 56
2 62
3 35개
4 87번
5 30살

**응용 UP**

1

```
    1
  4 9
+   7
  5 6
```

2

```
    1
  5 3
+   9
  6 2
```

3

```
    1
    8
+ 2 7
  3 5
```

4

```
    1
  7 9
+   8
  8 7
```

5

```
    1
  2 7
+   3
  3 0
```

## DAY 19

55쪽
56쪽

**연산 UP**

| | | | | | | | | | |
|---|---|---|---|---|---|---|---|---|---|
| 1 | 63 | 6 | 37 | 11 | 81 | 16 | 22 |
| 2 | 37 | 7 | 82 | 12 | 65 | 17 | 75 |
| 3 | 30 | 8 | 91 | 13 | 49 | 18 | 42 |
| 4 | 93 | 9 | 108 | 14 | 20 | 19 | 51 |
| 5 | 76 | 10 | 41 | 15 | 99 | 20 | 60 |

**응용 UP**

(위에서부터)

1 6   4 7   7 4, 5
2 8   5 8, 2   8 6, 4
3 5   6 6   9 9, 3

**응용 UP**

2 □+4=12, □=8

3 6+□=11, □=5

4 3+□=10, □=7

5 일의 자리: 8+□=16, □=8
십의 자리: 1+1=□, □=2

6 □+2=8, □=6

8 일의 자리: 7+7=14이므로 □=4
십의 자리: 1+□=7, □=6

9 일의 자리: □+5=14, □=9
십의 자리: 1+2=□, □=3

## 연산 UP

| | | | | | |
|---|---|---|---|---|---|
| **1** 53 | **5** 43 | **9** 93 |
| **2** 21 | **6** 72 | **10** 58 |
| **3** 34 | **7** 62 | **11** 72 |
| **4** 100 | **8** 81 | **12** 31 |

## 응용 UP

토끼



## 연산 UP

| | | | |
|---|---|---|---|
| **1** 48 | **6** 75 | **11** 21 | **16** 5 |
| **2** 57 | **7** 77 | **12** 86 | **17** 25 |
| **3** 62 | **8** 47 | **13** 28 | **18** 39 |
| **4** 40 | **9** 59 | **14** 45 | **19** 69 |
| **5** 74 | **10** 89 | **15** 59 | **20** 17 |

## 응용 UP

| | |
|---|---|
| **1** 76 |
| **2** 27 |
| **3** 35개 |
| **4** 79권 |
| **5** 18개 |

**응용 UP**

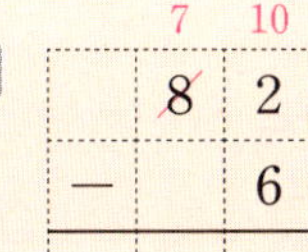

**1**

| | 7 | 10 |
|---|---|---|
| | 8 | 2 |
| − | | 6 |
| | 7 | 6 |

**2**

| | 2 | 10 |
|---|---|---|
| | 3 | 1 |
| − | | 4 |
| | 2 | 7 |

**3**

| | 3 | 10 |
|---|---|---|
| | 4 | 3 |
| − | | 8 |
| | 3 | 5 |

**4**

| | 7 | 10 |
|---|---|---|
| | 8 | 4 |
| − | | 5 |
| | 7 | 9 |

**5**

| | 1 | 10 |
|---|---|---|
| | 2 | 5 |
| − | | 7 |
| | 1 | 8 |

### 연산 UP

| | | | | | | | |
|---|---|---|---|---|---|---|---|
| 1 | 76 | 6 | 66 | 11 | 58 | 16 | 18 |
| 2 | 87 | 7 | 57 | 12 | 24 | 17 | 44 |
| 3 | 35 | 8 | 77 | 13 | 89 | 18 | 61 |
| 4 | 63 | 9 | 48 | 14 | 16 | 19 | 81 |
| 5 | 84 | 10 | 89 | 15 | 34 | 20 | 68 |

### 응용 UP

(위에서부터)

| | | | | | | |
|---|---|---|---|---|---|---|
| 1 | 2 | 4 | 9 | 7 | 6, 7 |
| 2 | 6 | 5 | 8, 8 | 8 | 2, 4 |
| 3 | 6 | 6 | 0 | 9 | 1, 3 |

### 응용 UP

2 $\square-4=2, \square=6$

3 $13-\square=7, \square=6$

4 $15-\square=6, \square=9$

5 일의 자리: $16-\square=8, \square=8$
십의 자리: 받아내림하고 남은 수가 8이므로 $\square=8$

6 $1\square-2=8, \square=0$

7 일의 자리: $14-7=7$이므로 $\square=7$
십의 자리: 받아내림하고 남은 수가 5이므로 $\square=5+1=6$

8 일의 자리: $7-3=4$이므로 $\square=4$
십의 자리: $\square=2$

9 일의 자리: $1\square-6=5, \square=1$
십의 자리: 받아내림하고 남은 수가 3이므로 $\square=3$



### 연산 UP

| | | | | | | |
|---|---|---|---|---|---|---|
| 1 | 37 | 5 | 48 | 9 | 57 |
| 2 | 13 | 6 | 58 | 10 | 34 |
| 3 | 86 | 7 | 79 | 11 | 52 |
| 4 | 69 | 8 | 23 | 12 | 19 |

### 응용 UP

1 
$$\begin{array}{r} 5\ 1 \\ -\ \ 9 \\ \hline 4\ 2 \end{array}$$

3 
$$\begin{array}{r} 9\ 4 \\ -\ \ 6 \\ \hline 8\ 8 \end{array}$$

5 
$$\begin{array}{r} 4\ 2 \\ -\ \ 8 \\ \hline 3\ 4 \end{array}$$

2 
$$\begin{array}{r} 2\ 0 \\ -\ \ 5 \\ \hline 1\ 5 \end{array}$$

4 
$$\begin{array}{r} 2\ 8 \\ -\ \ 6 \\ \hline 2\ 2 \end{array}$$

6 
$$\begin{array}{r} 7\ 4 \\ -\ \ 5 \\ \hline 6\ 9 \end{array}$$

### 응용 UP

2 십의 자리에 0은 올 수 없습니다.
계산 결과가 15이므로
빼지는 수는 5$\square$가 될 수 없습니다.
➡ $20-5=15$

3 계산 결과가 88이므로
빼지는 수는 4$\square$, 6$\square$가 될 수 없습니다.
➡ $94-6=88$

4 계산 결과가 22이므로
빼지는 수는 6$\square$, 8$\square$가 될 수 없습니다.
➡ $28-6=22$

5 계산 결과가 34이므로
빼지는 수는 2$\square$, 8$\square$가 될 수 없습니다.
➡ $42-8=34$

6 계산 결과가 69이므로
빼지는 수는 4$\square$, 5$\square$가 될 수 없습니다.
➡ $74-5=69$

**연산 UP**

| 1 | 43 | 6 | 65 | 11 | 92 | 16 | 28 |
| 2 | 71 | 7 | 100 | 12 | 57 | 17 | 57 |
| 3 | 61 | 8 | 25 | 13 | 85 | 18 | 38 |
| 4 | 36 | 9 | 74 | 14 | 86 | 19 | 93 |
| 5 | 34 | 10 | 52 | 15 | 21 | 20 | 56 |

**응용 UP**

| 1 | 23 | 4 | 22 |
| 2 | 33 | 5 | 16 |
| 3 | 32 | 6 | 15 |

**바로 개념** 덧셈, 뺄셈

**응용 UP**
2 $\square=7+26=33$  3 $\square=4+28=32$  4 $\square=31-9=22$
5 $\square=24-8=16$  6 $\square=22-7=15$

---



**연산 UP**

| 1 | 84 | 5 | 39 | 9 | 62 |
| 2 | 56 | 6 | 23 | 10 | 88 |
| 3 | 101 | 7 | 44 | 11 | 51 |
| 4 | 19 | 8 | 74 | 12 | 68 |

**응용 UP**

| 1 | 식 $74+7=81$ | 답 81명 |
| 2 | 식 $34-9=25$ | 답 25명 |
| 3 | 식 $25-6=19$ | 답 19개 |
| 4 | 식 $42+8=50$ | 답 50권 |
| 5 | 식 $46-7=39$ | 답 자동차, 39대 |

---



**1** (1) 91　(2) 33　(3) 24
　(4) 47　(5) 87　(6) 54
　(7) 42　(8) 65　(9) 50

**2** (1) 42　(2) 63　(3) 34
　(4) 17　(5) 76　(6) 66
　(7) 89　(8) 51　(9) 52

**3** (1) 9　(2) 4
**4** (1) 14　(2) 24
**5** 식 $62+9=71$　답 71개
**6** 식 $40-4=36$　답 36개

**3** (1) $\square+3=12,\ \square=9$　(2) $1\square-7=7,\ \square=4$
**4** (1) $\square=21-7=14$　(2) $\square=9+15=24$

# 04 덧셈과 뺄셈(2)

## DAY 27

75쪽
76쪽

### 연산 UP

| | | | | | | | |
|---|---|---|---|---|---|---|---|
| 1 | 84 | 6 | 139 | 11 | 143 | 16 | 96 |
| 2 | 62 | 7 | 127 | 12 | 120 | 17 | 126 |
| 3 | 78 | 8 | 109 | 13 | 163 | 18 | 130 |
| 4 | 91 | 9 | 162 | 14 | 121 | 19 | 112 |
| 5 | 56 | 10 | 179 | 15 | 105 | 20 | 174 |

### 응용 UP

| | |
|---|---|
| 1 | 94 |
| 2 | 157 |
| 3 | 84개 |
| 4 | 130개 |
| 5 | 41 kg |

**응용 UP**

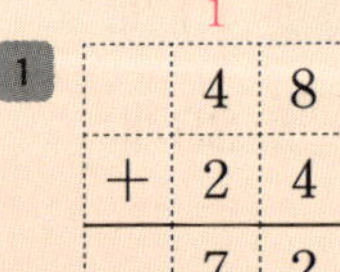

1
$$\begin{array}{r} 3\ 7 \\ +\ 5\ 7 \\ \hline 9\ 4 \end{array}$$

2
$$\begin{array}{r} 8\ 2 \\ +\ 7\ 5 \\ \hline 1\ 5\ 7 \end{array}$$

3
$$\begin{array}{r} 4\ 8 \\ +\ 3\ 6 \\ \hline 8\ 4 \end{array}$$

4
$$\begin{array}{r} 3\ 5 \\ +\ 9\ 5 \\ \hline 1\ 3\ 0 \end{array}$$

5
$$\begin{array}{r} 2\ 9 \\ +\ 1\ 2 \\ \hline 4\ 1 \end{array}$$

## DAY 28

77쪽
78쪽

### 연산 UP

| | | | | | | | |
|---|---|---|---|---|---|---|---|
| 1 | 113 | 6 | 125 | 11 | 111 | 16 | 165 |
| 2 | 91 | 7 | 187 | 12 | 81 | 17 | 108 |
| 3 | 69 | 8 | 114 | 13 | 123 | 18 | 53 |
| 4 | 100 | 9 | 46 | 14 | 32 | 19 | 81 |
| 5 | 166 | 10 | 68 | 15 | 120 | 20 | 133 |

### 응용 UP

| | |
|---|---|
| 1 | 72 |
| 2 | 173 |
| 3 | 92장 |
| 4 | 81마리 |
| 5 | 50살 |

**응용 UP**

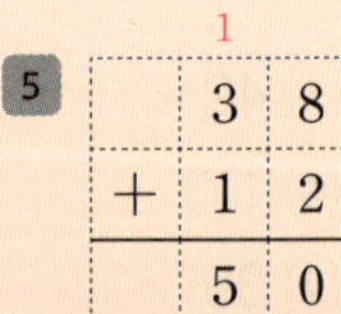

1
$$\begin{array}{r} 4\ 8 \\ +\ 2\ 4 \\ \hline 7\ 2 \end{array}$$

2
$$\begin{array}{r} 9\ 6 \\ +\ 7\ 7 \\ \hline 1\ 7\ 3 \end{array}$$

3
$$\begin{array}{r} 7\ 5 \\ +\ 1\ 7 \\ \hline 9\ 2 \end{array}$$

4
$$\begin{array}{r} 5\ 9 \\ +\ 2\ 2 \\ \hline 8\ 1 \end{array}$$

5
$$\begin{array}{r} 3\ 8 \\ +\ 1\ 2 \\ \hline 5\ 0 \end{array}$$

## 연산 UP

| 1 | 85 | 5 | 101 | 9 | 140 |
|---|---|---|---|---|---|
| 2 | 132 | 6 | 60 | 10 | 141 |
| 3 | 71 | 7 | 97 | 11 | 126 |
| 4 | 157 | 8 | 122 | 12 | 74 |

## 응용 UP

(위에서부터)

| 1 | 7 | 4 | 4, 6 | 7 | 9, 1 |
|---|---|---|---|---|---|
| 2 | 3, 9 | 5 | 7, 2 | 8 | 4, 8 |
| 3 | 4, 6 | 6 | 8, 6 | 9 | 9, 5 |

**응용 UP**

**2** 일의 자리: $8+\square=11$, $\square=3$
십의 자리: $1+2+6=9 \rightarrow \square=9$

**4** 일의 자리: $4+\square=10$, $\square=6$
십의 자리: $1+\square+7=12$, $\square=4$

**6** 일의 자리: $2+\square=8$, $\square=6$
십의 자리: $5+\square=13$, $\square=8$

**8** 일의 자리: $7+\square=15$, $\square=8$
십의 자리: $1+\square+2=7$, $\square=4$

**3** 일의 자리: $\square+1=5$, $\square=4$
십의 자리: $9+\square=15$, $\square=6$

**5** 일의 자리: $3+9=12 \rightarrow \square=2$
십의 자리: $1+\square+6=14$, $\square=7$

**7** 일의 자리: $\square+5=14$, $\square=9$
십의 자리: $1+3+\square=5$, $\square=1$

**9** 일의 자리: $\square+6=11$, $\square=5$
십의 자리: $1+\square+4=14$, $\square=9$



## 연산 UP

| 1 | 36 | 6 | 36 | 11 | 57 | 16 | 4 |
|---|---|---|---|---|---|---|---|
| 2 | 44 | 7 | 39 | 12 | 52 | 17 | 39 |
| 3 | 21 | 8 | 9 | 13 | 18 | 18 | 15 |
| 4 | 26 | 9 | 60 | 14 | 59 | 19 | 28 |
| 5 | 18 | 10 | 16 | 15 | 67 | 20 | 17 |

## 응용 UP

| 1 | 52 |
|---|---|
| 2 | 56 |
| 3 | 33개 |
| 4 | 15권 |
| 5 | 태희, 18권 |

**응용 UP**

**1**
```
   8 10
   9 1
 - 3 9
   5 2
```

**2**
```
   7 10
   8 3
 - 2 7
   5 6
```

**3**
```
   4 10
   5 0
 - 1 7
   3 3
```

**4**
```
   2 10
   3 4
 - 1 9
   1 5
```

**5**
```
   5 10
   6 2
 - 4 4
   1 8
```

<table>
<tr><td rowspan="6">DAY<br>31<br><br>83쪽<br>84쪽</td><td colspan="4">연산 UP</td><td>응용 UP</td></tr>
<tr><td>1　67</td><td>6　24</td><td>11　18</td><td>16　26</td><td>1　49</td></tr>
<tr><td>2　39</td><td>7　45</td><td>12　30</td><td>17　29</td><td>2　26</td></tr>
<tr><td>3　38</td><td>8　3</td><td>13　78</td><td>18　17</td><td>3　18마리</td></tr>
<tr><td>4　25</td><td>9　59</td><td>14　19</td><td>19　15</td><td>4　39살</td></tr>
<tr><td>5　51</td><td>10　39</td><td>15　17</td><td>20　9</td><td>5　17분</td></tr>
</table>

**응용 UP**　5　민규: 재호보다 14분 더 많이 걸렸습니다. ↔ 재호: 민규보다 14분 더 적게 걸렸습니다. ➡ $31-14=17$

<table>
<tr><td rowspan="5">DAY<br>32<br><br>85쪽<br>86쪽</td><td colspan="3">연산 UP</td><td colspan="3">응용 UP</td></tr>
<tr><td>1　49</td><td>5　32</td><td>9　48</td><td colspan="3">(위에서부터)</td></tr>
<tr><td>2　19</td><td>6　38</td><td>10　26</td><td>1　3</td><td>4　2, 5</td><td>7　6, 6</td></tr>
<tr><td>3　54</td><td>7　15</td><td>11　9</td><td>2　1</td><td>5　9, 0</td><td>8　2, 8</td></tr>
<tr><td>4　35</td><td>8　17</td><td>12　37</td><td>3　7, 8</td><td>6　3, 5</td><td>9　7, 7</td></tr>
</table>

**응용 UP**

3　일의 자리: $14-\square=6,\ \square=8$
　십의 자리: $\square-1-5=1,\ \square=7$

4　일의 자리: $\square-0=2,\ \square=2$
　십의 자리: $8-\square=3,\ \square=5$

6　일의 자리: $11-6=5 \Rightarrow \square=5$
　십의 자리: $9-1-\square=5,\ \square=3$

9　일의 자리: $\square-5=2,\ \square=7$
　십의 자리: $8-\square=1,\ \square=7$

<table>
<tr><td rowspan="6">DAY<br>33<br><br>87쪽<br>88쪽</td><td colspan="4">연산 UP</td><td>응용 UP</td></tr>
<tr><td>1　122</td><td>6　39</td><td>11　130</td><td>16　58</td><td rowspan="5"></td></tr>
<tr><td>2　47</td><td>7　137</td><td>12　5</td><td>17　114</td></tr>
<tr><td>3　75</td><td>8　29</td><td>13　195</td><td>18　40</td></tr>
<tr><td>4　17</td><td>9　94</td><td>14　59</td><td>19　108</td></tr>
<tr><td>5　171</td><td>10　28</td><td>15　113</td><td>20　17</td></tr>
</table>

## DAY 34

89쪽
90쪽

**연산 UP**

| | | | | | | | |
|---|---|---|---|---|---|---|---|
| 1 | 19 | 6 | 105 | 11 | 26 | 16 | 92 |
| 2 | 54 | 7 | 12 | 12 | 116 | 17 | 65 |
| 3 | 126 | 8 | 160 | 13 | 68 | 18 | 67 |
| 4 | 29 | 9 | 35 | 14 | 151 | 19 | 194 |
| 5 | 38 | 10 | 57 | 15 | 108 | 20 | 18 |

**응용 UP**

1 식 $93+78=171$  답 171개
2 식 $47-39=8$  답 8장
3 식 $59+12=71$  답 71번
4 식 $89+74=163$  답 163명
5 식 $60-28=32$  답 32권

## DAY 35

91쪽
92쪽

**연산 UP**

| | | | | | | |
|---|---|---|---|---|---|---|
| 1 | 25 | 5 | 100 | 9 | 48 |
| 2 | 141 | 6 | 46 | 10 | 192 |
| 3 | 145 | 7 | 129 | 11 | 10 |
| 4 | 29 | 8 | 58 | 12 | 84 |

**응용 UP**

1 138쪽
2 175명
3 79번
4 예빈, 9개

**응용 UP**

1 ① 오늘: $57+24=81$(쪽)
　② 어제와 오늘: $57+81=138$(쪽)
3 ① 해준: $67+25=92$(번)
　② 석호: $92-13=79$(번)

2 ① 여학생: $96-17=79$(명)
　② 2학년 학생: $96+79=175$(명)
4 ① 윤성: $51-18=33$(개)
　② $33<42$이므로 예빈이가 초콜릿을
　　$42-33=9$(개) 더 많이 가지고 있습니다.

## DAY 36

93쪽
94쪽

**연산 UP**

1 $44-\boxed{19}=\boxed{25}$
　$44-\boxed{25}=\boxed{19}$
2 $51-\boxed{36}=\boxed{15}$
　$51-\boxed{15}=\boxed{36}$
3 $\boxed{70}-\boxed{17}=\boxed{53}$
　$\boxed{70}-\boxed{53}=\boxed{17}$
4 $\boxed{93}-\boxed{49}=\boxed{44}$
　$\boxed{93}-\boxed{44}=\boxed{49}$

5 $\boxed{34}+\boxed{26}=60$
　$\boxed{26}+\boxed{34}=60$
6 $\boxed{37}+\boxed{47}=84$
　$\boxed{47}+\boxed{37}=84$
7 $\boxed{68}+\boxed{23}=\boxed{91}$
　$\boxed{23}+\boxed{68}=\boxed{91}$
8 $\boxed{7}+\boxed{65}=\boxed{72}$
　$\boxed{65}+\boxed{7}=\boxed{72}$

**응용 UP**

1 $17+54=71$
　$54+17=71$
　$71-54=17$
　$71-17=54$
2 $39+36=75$
　$36+39=75$
　$75-36=39$
　$75-39=36$

3 $28+66=94$
　$66+28=94$
　$94-66=28$
　$94-28=66$
4 $29+43=72$
　$43+29=72$
　$72-43=29$
　$72-29=43$

## 연산 UP

| | | | | |
|---|---|---|---|---|
| 1 | 36 | 8 | 43 |
| 2 | 45 | 9 | 38 |
| 3 | 6 | 10 | 56 |
| 4 | 38 | 11 | 9 |
| 5 | 77 | 12 | 35 |
| 6 | 17 | 13 | 69 |
| 7 | 45 | 14 | 37 |

## 응용 UP

| | | | | |
|---|---|---|---|---|
| 1 | 16 | 4 | 36 |
| 2 | 19 | 5 | 5 |
| 3 | 57 | 6 | 39 |

**연산 UP**
2 $\square = 87 - 42 = 45$   3 $\square = 93 - 87 = 6$   5 $\square = 85 - 8 = 77$   7 $\square = 90 - 45 = 45$
8 $\square = 99 - 56 = 43$   9 $\square = 42 - 4 = 38$   13 $\square = 80 - 11 = 69$   14 $\square = 75 - 38 = 37$

**응용 UP**
2 $26 + \square = 45 \Rightarrow \square = 45 - 26 = 19$   3 $\square + 27 = 84 \Rightarrow \square = 84 - 27 = 57$
4 $4 + \square = 40 \Rightarrow \square = 40 - 4 = 36$   5 $47 + \square = 52 \Rightarrow \square = 52 - 47 = 5$
6 $\square + 32 = 71 \Rightarrow \square = 71 - 32 = 39$



## 연산 UP

| | | | | |
|---|---|---|---|---|
| 1 | 90 | 8 | 36 |
| 2 | 71 | 9 | 57 |
| 3 | 54 | 10 | 19 |
| 4 | 92 | 11 | 34 |
| 5 | 93 | 12 | 59 |
| 6 | 88 | 13 | 26 |
| 7 | 82 | 14 | 8 |

## 응용 UP

| | |
|---|---|
| 1 | 14 |
| 2 | 38 |
| 3 | 13마리 |
| 4 | 7개 |
| 5 | 43개 |

**연산 UP**
2 $\square = 23 + 48 = 71$   4 $\square = 79 + 13 = 92$   6 $\square = 12 + 76 = 88$   7 $\square = 38 + 44 = 82$
8 $\square = 63 - 27 = 36$   9 $\square = 70 - 13 = 57$   11 $\square = 52 - 18 = 34$   14 $\square = 36 - 28 = 8$

**응용 UP**
2 $\square - 19 = 19 \Rightarrow \square = 19 + 19 = 38$   3 $\square + 7 = 20 \Rightarrow \square = 20 - 7 = 13$
4 $35 - \square = 28 \Rightarrow \square = 35 - 28 = 7$   5 $\square - 26 = 17 \Rightarrow \square = 17 + 26 = 43$

## 연산 UP

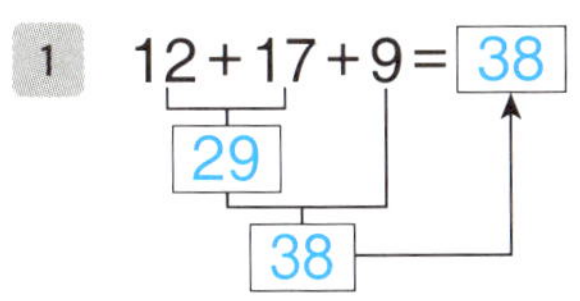
**1** $12 + 17 + 9 = 38$
29
38

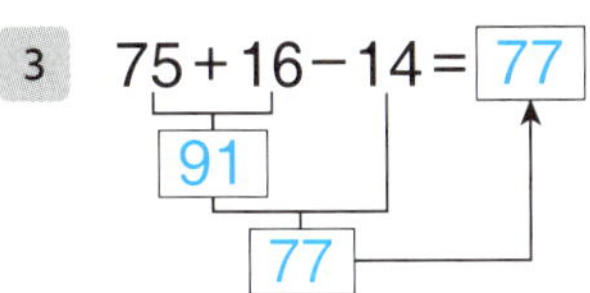
**5** $41 - 9 - 3 = 29$
32
29

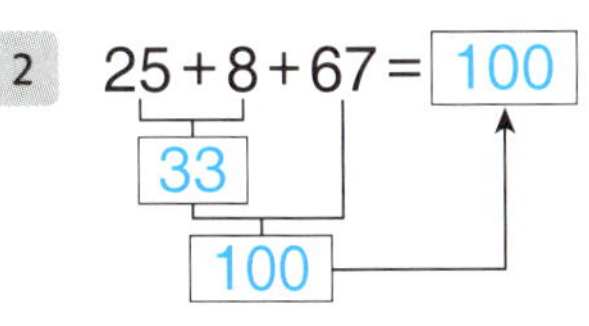
**2** $25 + 8 + 67 = 100$
33
100

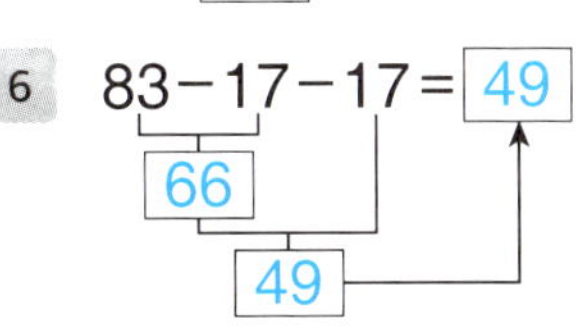
**6** $83 - 17 - 17 = 49$
66
49

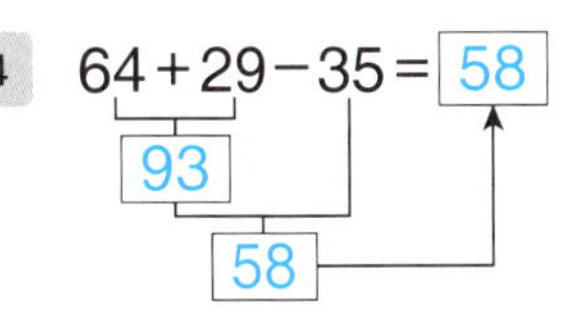
**3** $75 + 16 - 14 = 77$
91
77

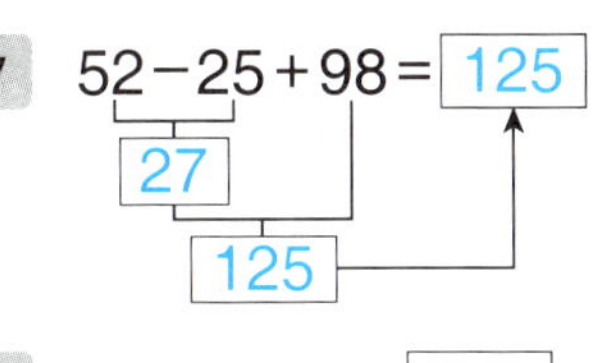
**7** $52 - 25 + 98 = 125$
27
125

**4** $64 + 29 - 35 = 58$
93
58

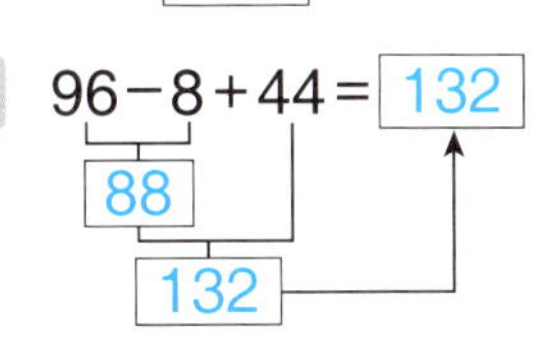
**8** $96 - 8 + 44 = 132$
88
132

## 응용 UP

---



## 연산 UP

**1** 119

**6** 49

**2** 81

**7** 35

**3** 59

**8** 87

**4** 18

**9** 140

**5** 24

**10** 93

## 응용 UP

**1** 식 $25 + 28 + 29 = 82$  답 82장

**2** 식 $42 - 5 - 19 = 18$  답 18개

**3** 식 $31 - 26 + 17 = 22$  답 22개

**4** 식 $67 + 9 - 18 = 58$  답 58쪽

**5** 식 $70 - 15 + 27 = 82$  답 82명

---



**1** (1) 123  (2) 81  (3) 148
(4) 63  (5) 9  (6) 16

**2** (1) 62  (2) 16
(3) 101  (4) 164

**3** (1) $50 - 27 = 23$
$50 - 23 = 27$
(2) $16 + 46 = 62$
$46 + 16 = 62$

**4** (1) 72  (2) 17

**5** (위에서부터) (1) 8, 2  (2) 4, 7

**6** 식 $50 - 38 = 12$  답 12장

**7** 식 $75 - 18 - 29 = 28$  답 28쪽

**8** 94개

**4** (1) $\square = 19 + 53 = 72$
(2) $\square = 65 - 48 = 17$

**5** (1) 일의 자리: $\square + 6 = 14$, $\square = 8$
십의 자리: $1 + 2 + \square = 5$, $\square = 2$
(2) 일의 자리: $1\square - 7 = 7$, $\square = 4$
십의 자리: $9 - 1 - \square = 1$, $\square = 7$

**8** ① 현구: $55 - 16 = 39$(개), ② 아빠와 현구: $55 + 39 = 94$(개)

# 05 길이 재기

## 연산 UP

| 1 | 2번 | 6 | 6번 |
|---|---|---|---|
| 2 | 5번 | 7 | 3번 |
| 3 | 4번 | 8 | 5번 |
| 4 | 3번 | 9 | 4번 |
| 5 | 2번 | 10 | 2번 |

## 응용 UP

| 1 | 식탁 | 3 | 우산 |
|---|---|---|---|
| 2 | 민정, 태호, 일영 | 4 | 은우, 진혁, 예빈 |

**바로개념** 길고, 적어

## 응용 UP

**1** 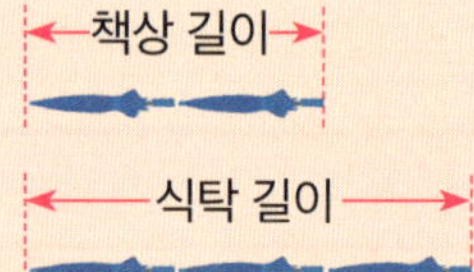

따라서 식탁이 더 깁니다.

**2** 같은 단위(클립)로 길이를 잰 횟수가 많을수록 물건의 길이가 깁니다.

따라서 연필의 길이를 비교하면 민정(6번)＞태호(5번)＞일영(3번)입니다.

**3** 창문 길이

따라서 우산이 더 짧습니다.

**4** 단위(뼘)의 길이가 길수록 길이를 잰 횟수가 적습니다.

따라서 한 뼘의 길이를 비교하면 은우(5번)＞진혁(6번)＞예빈(7번)입니다.



## 연산 UP

| 1 | 8 cm |
|---|---|
| 2 | 12 cm |
| 3 | 3 cm |
| 4 | 7 cm |
| 5 | 10 cm |

## 응용 UP

| 1 | 5 cm | 3 | (위에서부터) 1 cm, 4 cm |
|---|---|---|---|
| 2 | 8 cm | 4 | 10 cm |

  ③ 1 cm가 3번 ➡ 3 cm    ④ 1 cm가 7번 ➡ 7 cm    ⑤ 1 cm가 10번 ➡ 10 cm

  ② 예

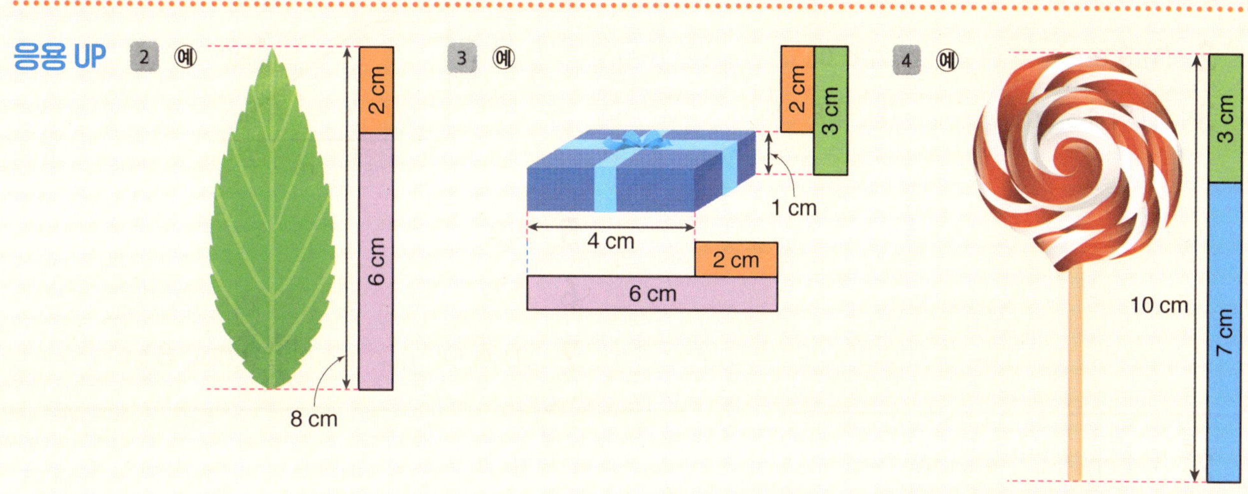

## 연산 UP

① 약 1 cm

② 약 10 cm

③ 약 5 cm

④ 약 3 cm

⑤ 약 11 cm

## 응용 UP

| 1 ➡ 2 | 약 1 cm | 4 ➡ 5 | 약 4 cm | 7 ➡ 8 | 약 8 cm |
|---|---|---|---|---|---|
| 2 ➡ 3 | 약 9 cm | 5 ➡ 6 | 약 3 cm | 8 ➡ 9 | 약 1 cm |
| 3 ➡ 4 | 약 2 cm | 6 ➡ 7 | 약 5 cm | 9 ➡ 10 | 약 1 cm |

**DAY 44**

113쪽
114쪽

**1** (1) 4번  (2) 7번

**2** (1) 9 cm  (2) 6 cm

**3** (1) 약 15 cm  (2) 약 8 cm

**4** 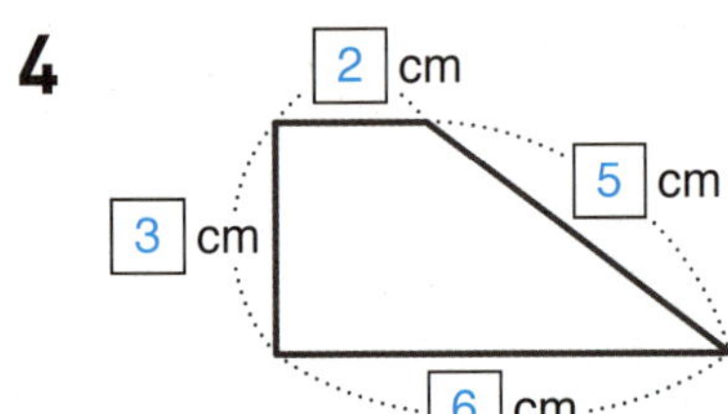

**5** 지영

**6** 수지

**7** (1) ㉺ ㉯  (2) 6 cm, 6 cm

**2** (2) 1 cm가 6번 ➡ 6 cm

**5** 민규의 리본 ➡ 

지영이의 리본 ➡

따라서 지영이의 리본이 더 깁니다.

**6** 단위의 길이가 짧을수록 길이를 잰 횟수가 많으므로
지우개의 길이를 비교하면 수지(9번)<종원(7번)<균상(5번)입니다.

**7** (2) ㉮와 ㉯의 길이가 6 cm로 같습니다.

# 06 곱셈

121쪽
122쪽

**연산 UP**

1  15 / 3, 15
2  18 / 6, 18
3  24 / 4, 24
4  18 / 9, 2, 18
5  24 / 8, 3, 24
6  20 / 4, 5, 20

**응용 UP**

1  3+3+3+3=12, 12
2  5+5=10, 10
3  6+6+6+6+6=30, 30
4  4+4+4+4+4+4=24, 24
5  8+8+8+8=32, 32
6  9+9+9=27, 27
7  7+7=14, 14
8  2+2+2+2+2+2+2=14, 14



123쪽
124쪽

**연산 UP**

1  6 / 6, 12
2  5 / 5, 20
3  4 / 7, 4, 28
4  8, 2 / 8, 2, 16
5  9, 3 / 9, 3, 27
6  5, 5 / 5, 5, 25

**응용 UP**

1  $4 \times 5 = 20$
2  $5 \times 3 = 15$
3  $6 \times 4 = 24$
4  $2 \times 9 = 18$
5  $8 \times 6 = 48$

**응용 UP**

2  5개씩 3묶음 ➡ $5 \times 3 = 15$
3  6자루씩 4상자 ➡ $6 \times 4 = 24$
4  2개씩 9대 ➡ $2 \times 9 = 18$
5  8개씩 6봉지 ➡ $8 \times 6 = 48$

125쪽
126쪽

**연산 UP**

1   4 / 4, 8

2   3 / 3, 9

3   2 / 2, 8

4   2 / 2, 10

5   2, 7 / 2, 7, 14

6   3, 4 / 3, 4, 12

7   5, 3 / 5, 3, 15

8   4, 4 / 4, 4, 16

**응용 UP**

1   30개

2   9살

3   16권

4   16 cm

5   21개

**응용 UP**
1 5의 6배 ➡ $5 \times 6 = 30$
2 3의 3배 ➡ $3 \times 3 = 9$
3 8의 2배 ➡ $8 \times 2 = 16$
4 4의 4배 ➡ $4 \times 4 = 16$
5 7의 3배 ➡ $7 \times 3 = 21$

---



127쪽
128쪽

**연산 UP**

1   6, 3, 18    바로개념   9, 6

2   예 6, 4, 24

3   예 9, 4, 36

4   예 4, 3, 12

5   예 2, 8, 16

**응용 UP**

1   5씩 3묶음, 5의 3배, $5+5+5=15$, $5 \times 3 = 15$

2   4씩 4묶음, 4의 4배, $4+4+4+4=16$, $4 \times 4 = 16$

3   6씩 5묶음, 6의 5배, $6+6+6+6+6=30$, $6 \times 5 = 30$

4   2씩 7묶음, 2의 7배, $2+2+2+2+2+2+2=14$, $2 \times 7 = 14$

**연산 UP** 묶는 방법에 따라 여러 가지로 나타낼 수 있습니다.
2 $3 \times 8 = 24$, $4 \times 6 = 24$, $6 \times 4 = 24$, $8 \times 3 = 24$
3 $4 \times 9 = 36$, $6 \times 6 = 36$, $9 \times 4 = 36$
4 $2 \times 6 = 12$, $3 \times 4 = 12$, $4 \times 3 = 12$, $6 \times 2 = 12$
5 $2 \times 8 = 16$, $4 \times 4 = 16$, $8 \times 2 = 16$

---



129쪽
130쪽

1   (1) 5 / 5, 20    (2) 3 / 3, 21

2   (1) 3 / 4, 3, 12    (2) 6 / 3, 6, 18

3   (1) 예 6, 6, 36    (2) 예 8, 3, 24

4   (1) $3+3+3+3+3=15$, 15
   (2) $7+7+7+7=28$, 28

5   4씩 5묶음, 4의 5배,
   $4+4+4+4+4=20$, $4 \times 5 = 20$

6   식 $7 \times 5 = 35$   답 35개

7   식 $9 \times 4 = 36$   답 36살

3 묶는 방법에 따라 여러 가지로 나타낼 수 있습니다.
(1) $4 \times 9 = 36$, $6 \times 6 = 36$, $9 \times 4 = 36$
(2) $3 \times 8 = 24$, $4 \times 6 = 24$, $6 \times 4 = 24$, $8 \times 3 = 24$

6 7개씩 5상자 ➡ $7 \times 5 = 35$(개)
7 9살의 4배 ➡ $9 \times 4 = 36$(살)

# 기적의 학습서

" 오늘도 한 뼘 자랐습니다. "